U0531750

大学的改造

费孝通 著

商务印书馆
The Commercial Press
2017年·北京

图书在版编目(CIP)数据

大学的改造／费孝通著.—北京：商务印书馆，2017
ISBN 978 – 7 – 100 – 12851 – 3

Ⅰ.①大… Ⅱ.①费… Ⅲ.①高等教育—教育史—中国—近代 Ⅳ.①G649.29

中国版本图书馆 CIP 数据核字(2017)第 045433 号

权利保留，侵权必究。

据上海出版公司 1950 年 11 月版录排

大学的改造
费孝通 著

商 务 印 书 馆 出 版
(北京王府井大街36号 邮政编码100710)
商 务 印 书 馆 发 行
北 京 冠 中 印 刷 厂 印 刷
ISBN 978 – 7 – 100 – 12851 – 3

2017年6月第1版	开本 880×1230 1/32
2017年6月北京第1次印刷	印张 6⅛

定价:22.00 元

出 版 说 明

—本书 1950 年 3 月由上海出版公司出版，当年即再版两次。
—本书主要是费孝通先生担任清华大学校务委员会委员、副教务长期间，针对中华人民共和国成立之初高等教育如何适应新形势等问题，所作深入思考的结晶，既是中国高等教育的重要史料，对当今高等教育的改革与发展也还有一定的借鉴意义。
—由于时代变化，费先生当年所用语言文字习惯和标点符号与现在略有不同，为尊重历史，本次改排一般情况下不按现行规范要求修改，仅订正原版中的若干误植。
—为方便读者更全面了解费先生对教育的观点，本次改排时另外收录了费先生四篇相关的文字，作为本书附录。

目 录

当前大学种种问题 …………………………… 1
在大学内设立专业科计划拟议 ………………… 25
论考大学 ……………………………………… 34
论假期 ………………………………………… 38
大学精简节约的标准 ………………………… 43
大学的改造
　——迎接一九五〇年 …………………… 51
社会学系怎样改造 …………………………… 58
医疗互助的意义和经验总结 ………………… 74
节约定期折实储蓄的意义 …………………… 91
我们的大课 …………………………………… 102
加强大学的民主基础
　——记清华大学的代表会议 …………… 118
　附录一　清华大学校务委员会工作总结初稿 …… 129
　附录二　校务委员会今后工作方针 ………… 150
后记 …………………………………………… 160

1

附录

思想战线的一角
　　——清华大学思想总结记 ·················· 162
理论与实际一致和课程改革 ·················· 178
教育者本身的教育
　　——记首届全国高等教育会议 ·················· 190
开展教育社会学的研究 ·················· 202

当前大学种种问题

一

当前各大学需要改造是一件极明白的事实。基本的原因是在新民主主义的革命时代，中国社会已迈进一个新的建设阶段；在这阶段中，大学担负起来了新的任务，为了完成这新任务，原有大学制度和教学内容暴露了它的弱点，必须加以改造了。因之，要谈到大学改造必须先认清大学所担负的新任务。这新任务是什么呢？为什么旧有学制和教学内容不能担负这新任务呢？

大学的新任务是在培养，或是说生产，新民主主义建设工作中足够的干部。在这方面我们很可以借重苏联的建设经验。斯大林在《大转变的一年》一文中曾引用列宁的话说："我们尚嫌不够的主要东西，就是文化程度和管理上的技能……在经济和政治方面，新经济政策完全保证我们能建成社会主义经济底基础。问题'只'在于无产阶级及其先锋队底文化人材。"（《列宁主义问题》第367—368页）我们有充分理由相信这句话同样可以用在当前中国的情况。要解决这个问题固然有赖于一切教育工作者的努力，而大学在这任务中却负有特别重大的责任。

大学教育工作者在接受这个新任务时，在思想上需要改造。他们必须坚定为人民服务的立场。我们不必讳言在传统的观念中，知识分子有着个人主义，"为学术而学术"，不向人民负责的错误成分。这种观念固然有它客观形势的造因，但是如果不加以改造，很显然的不能担任当前的新任务了。

再看解放以来的各大学的具体情况。我们不能不承认在若干部门中表现出被动和惶惑的情绪。譬如在实科方面（包括技术性较强的工农业务科目）多少有一种看法，认为"技术和政治无关，我讲我的，教出来的学生为谁服务，不是我的问题"。这显然是不对的，因为中国现有实际情况需要那一种技术？或是说，那一种技术最能有效的在现阶段去为人民服务？——这些问题是存在的，而且应当是实科教育发展的前提。当然我们并不是说只顾目前需要而不取较远的预计，其实不论看得近或是看得远，决不能不考虑到"学生学会这些技术将怎样应用"的问题。我们在这里想提出的是大学里的实科同样存在着改造的需要，既然要改造也就发生了立场和思想的问题了。

另一方面我们看到在若干部门中有着惶惑的情绪，表现得最尖锐的是社会科学。社会科学原是社会经验的总结，它直接反映当时的社会形态，而且也常是维持那种社会形态的力量。在半封建半殖民地时代的中国，它的社会科学中也必然带有封建和买办的性质。同时也因为中国人民对这些反动势力的斗争，革命的理论和观念也必然存在于原有社会科学的范围里。现在新民主主义为全国人民所公认的立国原理，在社会科学中也不能保持原来的渗杂情形，而应当洗炼出合于当前革命形势的部分加以发展。这件工作并不是简单和迅速的。在这里有着一个较长的改造时期。在改造时期中，还需要不断的思想斗争，去建立适合于当前中国新民主主义建设的正确立场。因之，在这段时期中，教学双方自不免常常发生惶惑的情绪。所以怎样克服这种情绪去提高创造新社会科学的积极性也成了当前大学工作者立场和思想改造中的重要问题之一了。

大学工作者立场和思想的改造将具体表现在每一个课程的内容上。换一句话说，课程的改造必然将以立场和思想为出发点。这也是大学改造的基础，因为大学的工作是在学习，而学习是在每一个课程中进行的。如果每一个个别课程没有改造，其他一切学制上和行政上的改造都将成为表面工作，决不能完成大学的新任务。

二

从每个学生学习过程上看，他在同一学期学习若干课程，更经过了若干学期完成他大学的学业，当他离开大学的时候，他应当完成了他进入社会担任一项具体服务工作的准备。为了要使这项准备工作做得好，大学应当根据各个学生的志愿，规定他在校期间的全部学程。学程包括许多有一定次序进行学习的课程。

以往大学的制度根据学术的分门别类，设立学院和学系。一个学生在投考时就得选定院系。每系规定若干必修课程和若干选修课程。每一课程又根据授课、试验、实习、自修等所需时间规定学分数目。全部学程有一定学分数额，修满若干学分才能毕业。学生就在这种轨道上进行学习。

这里值得我们提出来讨论的问题很多：首先是这种

根据院系来规定学生学程的制度是否能有效的生产在具体社会服务工作上能胜任愉快的人材？这问题的提出显然牵涉到"分院分系的原则"。以往大学多少是以从事"纯粹学术"为任务的，因之着眼于学术本身的绵续。师生相承，颇有衣钵传袭的风味，也可以说是经院作风的遗留。这里更加上宗派门户的传统，院系之间壁垒重重，形成了学术界的小圈子。在这种制度中所造成的大学毕业生最理想的工作是留校教书，继承这个衣钵；一出象牙之塔，就会发生所学非所用，所用非所学的现象。

为人民服务的具体工作上所需的知识并不依学术本身的分门别类来作界限的，尤其在工业没有高度发达的社会里，很少专门性的职务，所以依院系基础来规定的学程很成问题。如果今后大学的任务是在生产能供给建设需要的人材，怎样来重行规定学程的原则必须彻底加以修正了。

这种制度的缺点以往也曾经引起过各种补救的企图，第一是在大学之外另立专科，把生产实用专门人材的任务交给专科学校，而同时又把专科学校的地位列在大学之下，以致在师资设备各方面都受到限制。至于大学本身应当造就什么人材的基本问题却不去追问了。第二是在工农等实科方面增加各种混合学系，或各系分成若干小组。譬如为了化学系和机械系都不训练化工人材，而另立化工系；农艺系和经济系都不训练农业经济人材，而另立农业经济系，以至一个大学之内各系可以各聘同类性质的教授。因院系分隔而引起的问题反而助长了院系分隔的壁垒。第三是在必修和选修课程的比重上加以调剂。为了补救院系的分隔，增加选修课程可能是一个不得已的办法。譬如一个学工程的学生可以多选几门经济学课程，使他将来可以在工厂管理方面多一些准备。但是以一般的实际情形说，各系却并不鼓励学生多选别系课程，更不去指导学生如何选修别系课程。结果造成了学生用选修课程来减轻工作，对选修课敷衍混学分的风气。这风气之下，认真的学系自然更不愿加重选修课的分量，认真的教员也不会欢迎别系选修的学生。这样循环相长，根本取消了以选修课来补救院系分隔缺点的精神。

这许多补救办法不但没有解决问题，反而产生了更多的问题。其实关键是在规定学程的原则不合于大学的任务，因之，我们应当把这基本问题提出来重行考虑。

三

有关学程的第二个问题是修业的期限。大学修业期限一向是有一定的，而且各学院大体上是一致的。一般说来是一百三四十个学分，分四年修毕，每学期规定了必须修足的学分数额。这种从形式上求得的一致性和实际需要并不相合，除非大学的目的并不在训练具体实用的人材。譬如只以传递基本文化程度为目的的小学教育就不妨在年限上加以规定。如果要养成能做一定工作的人材，那就得看所做的工作本身需要多少准备了。大学的任务既在造成学而能用的人材，修业期限的一致性必然不能维持。在过去最显著的例子是医学院，医师的训练常常要超过四年。再譬如律师和法官的训练也常不能在四年里完成。但是在过去，大学修业期却并没有低于四年的，因为一般认为低于四年就不合大学资格，所以用了专科来称这种因实际需要而规定了较短修业期的学校。大学和专科的主要分别有时竟单在修业期的差别上。

把大学修业期作一致性的规定对学力不同的学生，对内容不同的学科都是勉强的。如果我们放弃形式主义来看这问题，我们觉得大学修业期的规定在原则上应当考虑下列诸点：一，当时一般中学毕业生的程度；二，个别学生学习的能力；三，大学应当维持文化教育的程度；四，大学各部门所训练业务教育的内容；五，社会需要人材的缓急。我们不妨依以上诸点略作说明。

大学是中学的延长，也是普通学校教育的最后一个阶段。用工厂来作譬喻，它是在半制成品上加工，依着定货单交出买客所规定的成品。如果半制成品合于标准，品质上没有缺点，加工的手续也容易预先规定；如果半制成品并不合标准，而且程度不齐，加工手续也必然费劲，不能不多做许多修补工作。当前大学不免就有这种困难。现在进入大学的学生正是抗战时间所长成的一代。在社会经验、政治觉悟上有他们的长处，但是基本文化课程上却吃亏很大。文字、算术和理化各方面比了抗战以前的水准都降低了，外国语的程度降落得更显著。这是说大学着手加工的原料品质降落了一寸，而大学的修业期限却依旧受着四年的限制。这里不免发生两种可能的结果：一是迁就现实把大学毕业的程度也跟着降低，就是不再坚持成品的品质；一是抽出时间来补足中学课程然后再在余下时间里把大学四年课程在二三年中完成。第一种结果的弊病是很显然的，货色不好，出品不良；第二种结果的弊病是损害学生的康健，增加淘汰率。一般说来，文法学院多少已发生了第一种结果的弊病，工农学院多少已发生了第二种结果的弊病。

再逼近事实一看，中学程度一般固然是降低了，但是这只是从平均而言，个别情形却极不平衡。过去十多年各地社会情形相差极大。东北、沿海沦陷区、西南内地、新旧解放区，各地中等教育的内容都不同，于是造下了现在大学学生学业程度的不平衡性。在这种不平衡的基础上强加施行一致的学程当然不会圆满的。举一个例子：有许多中英文程度已经具有阅读写作能力的学生还得必修大一国文和英文；另一方面文字上还缺乏表达能力的学生却拖着学习文艺欣赏。像大一国文和英文一类基本的文化课程，在极不平衡的学生程度上进行教学必然会困难丛生。因之解放之后课程改革的讨论中大一国文英文是否要必修的问题曾引起过很复杂的争辩。这里的基本症结是在：太注重教学进度及程度形式的一致性。学生程度的不平衡如果是事实，就没有理由不予以承认，而应当在否定形式的一致性上去谋问题的解决。

在学生程度一般降低，修业期又受形式的限制的矛盾下，富有业务训练的工学院所感到困难最为严重。现代工业技术的发达规定了一个工程人材必需的业务知识。这些知识不但要有充分和健全的理化和算术的基础训练，而且在大学里各项课程的衔接性也比较密切。因之在现有情况中，工学院的学生课业确实已过分繁重。修业期既然不能延长，于是有一种倾向就是想减轻和业务关系较疏的文化课程以资调剂。在这里又引起另一个大学教育的基本问题：就是大学是否应维持一个较中学为高的一般文化水准？换一句话说，大学所造就的干部将来在社会上工作时是否需要较广和较深的文化水准？如果大学专门在业务上加工是否会影响将来在社会负领导责任的高级干部的品质？以最简单的例子说，一个受过大学教育的干部所需文字上的表达能力是否在中学里已经养成，在大学里无需再加学习了？这一类的问题是值得研究的。

这一类问题并不应当抽象讨论，最好是很具体的把当前所需大学生产的人材本身加以分析。如果中国工业已经发达，社会分工已很精细，每一个职业都只需要一两项专门技术，而大学的任务只在生产这种人材，我们尽可把学程内容定得很专门。再如果中国社会上文化事业很发达，一个公民在校外有着充分机会依他个人的志愿去提高他文化的水准，大学里学程的专门化也不会对学生知识的发展有重大的妨碍。但是如果这些条件都不存在，一个在社会上负责较大的干部必须随时应付各种各式四面八方的具体问题，他不能不具有足够的和多方面的知识，大学里不给他充分的准备是否会影响他服务的能力呢？

因之，以形式上的一致性来规定修业期的长短实在不如依训练对象的需要内容加以决定来得合理了。譬如医学院要生产医师就不妨拉长修业时期。但是这里又发生了另一个问题：一个大学生要训练到什么程度才算"学成毕业"呢？就以医学院作例，怎样才算是一个可以出校服务的医师？以往中国的大学并不根据实际社会情况来决定这个标准的,大部分是采取了外国的标准。"学无止境"原是一个事实,没有人能反对中国能多些专门的医师,学校方面力求出品精良也不能认为是不对的。但是资本有限,如果只注重了品质而忽略了数量,就不能适合社会的需要。过去大学教育所自定的标准很犯了主观主义的弊病。

大学修业期限的硬性规定如果能打破,就可以根据实际需要来规定各种不同标准的学程了。有些业务不必一定要拖长到四年才毕业的就可以在较短时期内予以结束,有些不是四年可以修完的也不必勉强挤成四年。一个大学里更不妨有各种长短不同的学程。这样就容易适合社会需要人材的缓急。如果要维持特别精良的标准也可以在较长学程中去加工制造。以往那种专科、大学、研究院一类形式上的等级界限都可以不必定得这样整齐划一。至于个人在多少年里修毕一种学程更无需严格的规定,使现有不平衡的学生程度不致影响全班学习的进行。

四

课程和学程的改造还不免是形式上的,因为大学工作最基本的是在学习过程。教师和学生日常任务是在使学生能发展他的知识。以往有一种错误的观念就是把知识的传递看成了商品的授受。好像教师有一套知识要塞进学生的脑袋。教师的责任是在一定期间把定量知识输送给学生，学生的责任是在接受输送来的东西。经过了一定时期考核一下学生究竟接受了多少，不够的重来，足够的及格升级，这叫考试。在这种观念和制度下产生了机械性的学习态度。

解放之后，学生学习态度已有很深刻的改变，同时也发生了许多偏向。学生已觉悟，到大学里来并不是应付考试，混资格，而是要向人民负责，实事求是的学到些做事的本领，将来好为人民服务。偏向是在急躁，每念一本书，每听一堂课都得时时想到怎样付诸实用，而忽略了实用是最终目的，要达到这个目的还要做许多准备工作。造房子要打基础。打基础和造房子的关系固然在打基础的时候就须弄明白，但是不能因为看不见房子而没有耐心打基础。急不及待，反而会欲速不达。许多大学里要求取消必修课程的趋向多少是在这种偏向上发生的。

学生对于过去学习内容和方法的否定是容易的，而且也很容易把一切责任归咎于教师个人。但是一门课程的改造却并不是件容易的事；因之发生了师生之间的距离，在当前的情况里这个距离也特别明显。学生急躁地要得到能满意的课程，教师却一时拿不出来，在群众的要求之下不免心虚了。教师在学习中原是应当处在领导地位，他有责任积极推动学生的学习，但是确有许多教师因为种种原因失去了威望，以致无法经常上课，只能放任学生去自由讨论，美其名叫"集体学习"，实质上是自流，结果冻结了学习，这对于大学的改造是极有害的。

课程需要改造是不成问题的，问题是怎样才能促进这项改造工作。性质不同的课程改造的过程又不能相同。各课程改造的经验怎样能交换和沟通？教学双方怎样能协力合作？这些都是学习方法上的重要问题。

在学生方面，很多课程中已在进行集体互助的方法，以往学生学习是个别负责的，但是现在观念已经改了过来，认为这是应当大家互助的事。人数较多的班子，分成小组，学习上有问题，共同互助解答。师生之间教学相长的互助方法却还没有显著的发展。传统的隔膜还没有打破，又加上了思想上和感情上的距离。这是提高学习方法上的障碍。换一句话说，师生新关系还待创造和确立。

五

大学的任务是在生产为人民服务的干部人材，大学的中心工作是教学，为此团集了一群工作人员，分工合作来完成这个任务。分工合作的方式构成这个团体的组织。怎样决定共同有关的事务？怎样去执行这些决定？这是大学的行政系统。大学的改造也包括新行政系统的建立，把组成分子间的关系重行厘定，使大学的新任务能藉以易于完成。所以我们接着要提出一些有关大学行政系统的问题。

大学的中心工作既然在教学，所以中心的成员是教师和学生。教师中又分成若干阶层：教授、副教授、讲师、教员和助教（各大学的制度略有不同）。为了便利教学工作的进行，所以配上一个事务机构，包括职员和工警。教学和事务是大学组织里的两大部门。在教学部门里又分学院，学院之下再分学系。事务部门分秘书处、教务处、图书馆，处和馆内再分组。在过去的制度中，行政系统是集权的。最高的权力是校长，各院各系各处各组都有主管人，下级服从上级，构成一个权力的金字塔。有些大学曾提出"教授治校"的原则，但是事实上还没有一个大学真的采用过这原则。所谓"教授治校"并不是校长向教授会负责的意思，而是大学里主要的行政主管人由教授兼任罢了。即是有教授会组织的大学，也不过多一个校长的咨询机关。如果一个校长不喜独裁，可以常常咨询教授会的意见，而且予以尊重，但是法律上校长并不受教授会的拘束。

在这种集权的行政系统中，矛盾和斗争是难免的。校长和各部门的主管人员构成了"学校当局"，大学的权力机构，它和群众形成了统治者和被统治者的关系。被统治者为了要保障自身的利益产生了群众性的组织，在过去有机会组织起来的首先是学生，其次是教授。至于讲教助一层的教师以及职员和工警很少能组成团体。因为这些团体是群众性的，在反动统治之下也是革命性的，他们和统治系统必然形成对立和斗争的局面，所以政府总是千方百计要予以压迫。便是革命性最弱的教授会也只有少数大学能合法的组织起来，即使组织了起来之后，在学校行政上的参予还是有限的。至于革命性最强的学生会，在不断的被打击之下，顽强的保卫住他们的存在，但是最黑暗的时候也有很多不能不转入地下。讲教助、职员和工警的公开组织在各大学中更少见到。就是在最开明的大学中，在解放之前讲教助会还是不被学校当局所承认的。

在这种情况里，大学里一直在进行着政治斗争。"学校当局"和群众的对立是以往大学组织中的特性。斗争的尖锐程度以"学校当局"和反动统治关系的疏密而决定。在这斗争中教授的一群时常是分立的和动摇的。但是一般说来，在没有被反动势力占领的大学里，教授在学生群众和反动统治直接斗争中常起掩护学生的作用，因之很少大学里教授和学生形成完全对立的局面。但是群众团体间，甚至同一团体的派别之间的隔膜和分歧却一直存在。

在教学部门中，讲教助的组织在过去的环境中一直没有得到正式的承认。在学校行政上他们是没有分的，在群众运动中也不是主体，并不能像学生一般公开的活动。可是他们却是青年，思想比较前进，因之发生了半公开或地下性的组织，在革命过程起过很重要的作用。但是因为在组织上和教授分开了，加上思想上的距离，年龄上的差别，职位上的高低，作风上的不同，他们和教授的隔膜是很容易发生的。至于事务部门中受到官僚主义影响的地方，各阶层形成了主属的关系，进而产生派系的倾轧。职员和工警俨然是两个阶级，对立的情形更易存在。教学和事务两部之间又存在着界线。有些大学竟会以事务部门为主，教学部门屈居劣势；有些大学则相反，以事务部门为从属地位，加以歧视。——凡此种种都是原有旧组织中群众分裂和矛盾的现象。

大学的改造在组织上说主要的原则是统一群众基础。一切在大学里工作的人员，虽则各人个别的责任不相同，但是有着一个共同的任务。他们都是职工，基本上身分是相同的。在大学之内并没有阶级存在，没有剥削关系。当反动统治推翻之后，"学校当局"已不再是人民敌人的代表者，而是大学的勤务员了。因之，在大学之内不应有政治性的斗争，应有的是协力同心实事求是的精神。所以大学的行政系统可以而且必要实行民主集中制。

但是忽视大学构成上的复杂性也是不正确的。教学和事务两部门所做的工作不相同，在主要任务上的比重也有区别；教师和学生在进行教学工作时是相配的，但不是相等的，教师应当处于领导地位，但是这种领导又不应脱离群众。因之，在行政系统里各种人员所占的分量不能一致。譬如有关课程内容的问题显然是和事务部门无关的；员工家属福利问题又显然和学生无关的。在这种情况中，如果不能把一切工作人员都集中在一个行政系统里，不但被遗漏的一部分群众享受不到民主的权利，也不易发展他们在工作上的积极性；如果把一切工作人员都包罗在一个统一行政系统里，也可能在讨论任何个别具体问题时，某些部分没有切身关系，不了解实际情况，而不感觉兴趣，甚至发表不负责的意见。这是当前大学行政系统建立中的问题。

举实例来说，现在试行的校务委员会组织法草案中，大学的组织重心偏向在教育部门。事务部门的主管人固然是校务委员会的构成分子，但是因为传统上这些主管人是由教授兼任，所以在习惯上并不被认为是职员，他们不参加职员工会，因之并不能反映职员意见，至于他们和工警的关系那是更间接了。这样，现有的校务委员会和事务部门的群众不免有着隔阂。在评薪的工作中曾暴露过这个缺点。职员和工警分别评定了薪额之后，校务委员会须把全校各部分的结果集中统一起来，以作最后的决定。但是在校务委员会中并没职员公会和工会的代表出席，在这时要作适合而且能为群众接受的修正是相当困难的。但是反过来说，如果校务委员会包括职员和工警，一切和教学有关的问题，他们不会有兴趣的。因之，要切实的规划出一个大学有效的行政系统还得兼顾这两方面的情况。要解决这困难也许须把大学里的行政划分成两大门类：一类是教学工作，一类是大学社区的公务，包括治安和福利等。在统一的最高权力之下分成两个系统，分别处理这两类事务。在教务系统方面，校务委员会之下设立院务会议和系务会议，各层都由教授、讲教助和学生共同组成。一切有关教学事务都可以在这个系统里去反映群众意见，做到民主集中的原则。和教学无关的公务就不必，也不适宜于在上述系统里处理的。为此应当另立一个系统，由教授会、讲教助会（或两者合并成的教员会）、学生会、职员会和工会等团体所组成的联合会来处理。这个机构可以在各团体的机构中去反映群众意见，同样可以有效的集中决定。这个联合机构其实就是相当于职工会。

这种划分也有它的困难，第一是事务上怎样能很明确的加以区别教务和公务？第二是两个行政系统怎样能配合起来？——这许多组织上的问题还需要我们多加研究和试验。

六

大学里聚集了这么多人员在一起，是为了要完成生产人材的任务，这是一个生产机关。一切生产机关都得讲求效率，就是以最低成本生产最多和最好的成品。这个经济观念应当同样应用到大学的工作上。以往有些大学甚至流于衙门化，所谓"衙门"就是吃饭集团，不管工作上是否需要而尽量的聘雇人员，使他们免于失业。每个人员可以做很少的事，在职位上混日子，拿薪水，过生活。事情做得愈少，主管人也愈有理由添聘添雇，结果学生人数在全校人数中的比例可以很低。这种现象决不能让其继续下去了。大学应当像其他生产机关一般，在科学管理下讲求效率。

大学所生产的具体成品是毕业生。毕业生的数和量是衡量大学成效最基本的标准。在量的方面要合理的增加效率，应当考虑下列问题：第一是原料的进货，也就是招生。招生时一方面要顾到学生程度，但是同时要顾到学校的生产能力。以往有一种倾向就是招生时只讲一般的学生程度，各院各系事先并不考虑生产能力，新生分发到各院各系去时，不免就有过多过少的情形。有若干院系可以分到极少新生，以致把学校里一部分生产力浪费了。中学毕业生程度的不平衡固然是事实，而且在过去程度较高的考生集中投考少数院系也固然是事实，但是如果招考区域扩大，选择原料的机会增加，再加以立下一个新生共同的及格水准，然后在这些及格考生中依院系的生产能力加以录取，在质量双方应当是可以兼顾到的。

第二是学校设备上的配合。限制学生数量的物质条件是宿舍、实验室、图书馆等。每一个学生在某一种课程上需要多少设备？每一个实验室能供给多少学生应用？这些基本的事实必需作正确的估计，然后要看大学的宿舍所能容纳的学生数是否能充分利用其他的设备。这是说大学的物质设备必需有计划的。过去的大学忽略了生产效率问题，以致可以为了个别院系少数学生建筑了堂皇的大厦，一直到现在各大学还有继续发生着这种不合理的现象，那是应当纠正的。

第三是教学双方数量上的配合。每种课程因性质的不同各有其最适宜的数量。譬如需要教师对学生作个别指导的课程就不宜大班。每个教师对每种课程需要的准备时间又不同，一门新开的功课准备时间就得加多。为求教学的效率，每个教师所担任教课的数目和学分，每课能有多少学生等数量问题都应当有正确的估计。在这里还包括教授讲师和助教的配合。那一种课程是可以也必需有助教的？他们之间怎样分工合作？从这种正确的计划下，才能人尽其用，提高效率。

用工厂来譬喻大学也有不尽相合之处。工厂的制造过程是定型的，在普通情形下，并不能常常加以改造，而大学里的生产过程，就是教学工作，是需要高度的日新作用。一个合格的教师决不能每年诵读一本相同的讲义，因之，教的工作中包含着学，也就是研究。从这方面说，大学教授是向整个民族的文化负责的，他有责任去提高学术的水准，推动社会的进步。只有这样才能保证学生的品质，不断在提高，赶得上时代。因之，我们在讨论大学的效率时不能单从毕业生的数量上计算，同时须看到品质的一方面。

为了提高大学生产过程中品质方面的效率，研究工作必须重视。更重要的是研究工作不应视作大学里的奢侈品，更不应像过去中央研究院的制度一般，把研究工作和教学工作隔断，使研究的结果不能就用到课程里去，传递给学生。

因之，一个大学教授有权利要求大学给予进行研究工作的时间和设备，他也有义务去发展他所专长的学科。现在各大学中各自聘请教授，每个教授必须担任若干不同的课程，以致他们并不能专心在一门课程上努力提高它的内容。这是不合理的。如果我们有一天能把各大学间的门户打开，一个教授尽可在不同大学中授同一课程，换一句话说是增加一门课程中的学生数量，用以集中教授所教的课程，而达到提高品质的效率。

在讲教助阶层，研究工作的发展同样重要。以往的留学制度隔断了讲教助到教授的升迁路线。没有机会留洋的人很难进入教授阶层，因之讲教助对于留学机会的热心超过了对于工作上自力深造的努力。现在这种靠留学来升迁的办法取消了，大学教师的资格应当根据学术和教学成绩来规定，所以为了造成教授的师资，大学本身应当给讲教助充分的深造机会。研究工作应当被列为讲教助业务的一部分，而且教授要有义务指导他们的研究工作。以后升迁制度必须严格的以研究工作的成绩为标准。

七

大学事务部门的管理和效率比了教学部门更为严

重。因为过去行政机关的衙门恶习很容易侵入大学事务部门。虽则大学比了其他行政机关腐化的程度好得多,但是绳之以现代标准,同样会令人咋舌的。人事进退还是有根据主管人的私人关系的,行政手续复杂迂回充满了文牍主义,上下隔阂造成了命令主义和因循敷衍,大量职员坐办公桌,磨洋工,既没有工作计划,又没有考核制度。结果人和事配合不上,凌乱无章,没有组织,没有纪律;人愈多,事愈少——这种衙门特色在大学里还是常常可以见到。革除这种坏现象,确立民主集中的人事管理制度可能是清理大学行政机构,提高行政效率的当前急务之一。

人事制度包括:考选、任用、分配工作、规定薪给、考核成绩、奖励和惩处,升降、解聘和退休。使最合适的人做最合适的事,以提高为人民服务的效率是人事制度最基本的原则。为达到这目的,基本精神是在民主集中,发动群众的负责性与积极性。考选必须是公开的和科学的。这样才能打破任用私人,形成派系,包庇倾轧的腐化制度。分配工作时必须对所做事有分析有计划,那一种事务需要那一种人材,使人尽其材,不浪费,不埋没,不小材大用,也不大材小用。薪给要根据各取所值的原则。一件工作或一个职位的所值必须由民主评定。成绩的考核必须避免主观主义,更不能单由主管人来决定，所以勤惰须根据日常的签到簿，成效须根据工作报告，积极性和合作性须由同事公共评定。赏罚和升降须有规则而且要做到群众心服，发生模范和告诫作用。解聘和退休必须实事求是，使群众对职业有安全感，发挥积极性，而且在经过了长期忠诚的服务之后要能得到人民对他成绩的承认和报酬，使奉公守法的工作者在年老体弱时能得到休息的机会。——这许多人事制度的原则总结起来归根在一个基本条件就是工作人员对人民服务的自觉。没有自觉，一切人事制度都会变成虚文，得不到成效的。

（一九四九年六月二十三日于清华园胜因院）

在大学内设立专业科计划拟议

一

这个计划的提出是根据下列几种情况的发展：在大学方面已逐渐认识到它的新的任务，在政府方面也逐渐感觉到建设人材须有计划的培养，在学生方面已对学习发生了新的要求。这三方面都推动了我们要对今后，至少有几年的期间，确定一个新的方针。

先从大学方面说。自从解放以来同仁中已经深切认识大学的任务之一，是在培养为人民服务的高级专业人材。这是一项国家建设事业中的重要生产工作。从这个立场上去批判过去的大学教育，我们不能不承认理论和实际，所学和所用的脱节，以致所培养出来的学生常不能胜任工作，愉快地去为人民服务；大学里的研究工作也常过分偏重理论问题，不能对建设事业有切实的贡献。我们相信科学的理论，如果和实际问题相结合，必然能提高技术的效率，而且技术的改进决不能离开理论的提高，所以健全的学术机关必须以服务人民的实用为目的去提高理论的水准。因之实用学科的注重不但不会冲淡学术内容，相反的，正可以促进学术的健全发展。

回顾目前国内的形势，很显然已将进入建设阶段。人民政权的确立和新秩序的发展已经逐渐具备了大规模、有计划、经济建设的条件。我们可以预先看到今后的几年中必需有大量在业务上有专长的工作干部。在有计划的经济建设中，人材的培养也必然要有计划的。而且因为人材的培养所需时间较长，所以也常是应当提早准备的一个项目。因之，专业教育已成为当前教育工作者急迫的任务。

再从现在大学里求学的学生方面看。青年对于新时代的接受是迅速的，他们已很敏锐的看出了过去的大学教育中一切的错误和弱点，急迫要求新的课程，新的学制。这是正当而且可喜的。但大学所有课程和学制的改革却落在一般要求的后面，因之不能满足学生，使学生发生情绪上的不安，甚至可能因而引起教学双方的隔膜。在大学的课程中因性质的不同，改造有难易，因之应有缓速的分别。为答复学生正当的要求，应当有步骤的先把容易改造的课程，就是偏于技术性的实科，整理配合，作为改造的第一线。这一线见了功必然会起带头作用，使其他课程跟着改造。另一方面，在革命的高潮中，青年学生大多富有服务人民的热忱，切于参加切实有用的工作。我们应当照顾这种要求，破除过去四年毕业的形式，而注重从学科内容的需要来规定适当的修业时期。凡是有需要长期的，譬如医科，可以超过四年；有不必需要长期的，可以分别规定低于四年的修业期。若干专业科确是可以在两年内修毕的，这样把人材生产过程的时期缩短了，不但适合于急需建设人材的客观需要，也适合于学生主观上急于想为人民服务的要求。

为了完成大学教育的新任务，为了配合国家建设计划的需要，为了满足学生学习的要求，我们觉得今后大学应采取如下的方针：加强理论和实用的结合，寓专业科于大学，从实用证验理论，以理论提高实用的学习路线。

二

为了加强理论和实用的结合，为大学本身着想，"寓专业科于大学"的原则是适当的，而且是合理的和经济的。大学离开了专业科，容易犯脱离现实的偏向，这一点上面已经提到。专业科离开了大学，也有下列的限制：师资不易汇集，教材不易改进，设备不易完善。从目前具体条件来看，普遍的设立独立的专科学校，固然是可能的，但是不经济的。每个独立专科学校需要一套设备和一批师资。设备和师资在目前并不丰富，结果可能因陋就简，互争人材，不能充分获得独立发展的条件。还有一点应当注意的，就是今后建设工作仍属于开创时期。开创时期所需人材比较多，但并不是经常的需要那么多。独立专科并不易照顾到富于时间性的需要。把专科设在大学就可免除上述的限制。师资和设备原来就有现存的基础，只要把已经开设的大学课程加以新的配合，并因特殊需要添设若干实习课程，就可以把专业科办起来了。这样自然比另起炉灶办独立专科学校来得省事和省钱了。由大学办理专业科还有其他的长处。从教学内容说，比较跟得上科学的发展而改进。大学里研究的空气比较浓厚，设备比较完善，人材比较集中。由教授兼任专科教育工作容易做到"以理论提高实用"的原则，同时研究人员经常接触具体实用问题，也正是"以实用证验理论"的方法。这是教学相长，相得益彰的办法。从学生说，在大学里容易接触到学习不同科目的同学和教师，参加性质不同的文化活动，眼光和胸襟易于舒展，免于一般专科学校狭隘的作风。

"寓专业科于大学"并不等于借大学的师资和设备来办专科。两者是一体：不但课程是相通的，而且这一体的两部是相衔接的。一个专科学生（在规定的条件下）毕业，经过相当时期的服务工作后，如果他有志在学术上深造，可以返校补足大学本科所需课程，得到学位。一个本科学生，毕业后或毕业前，愿意获得专门业务训练，也可以转入专科补足所缺课程，得到专科证书。出入之间，一方面可收人尽其材的效果，另一方面可以造成理论和实践的密切结合。

三

本科和专业科将采取经纬交织的形式。大学的基本学习单位是个别课程。课程本身并不分专业科或本科。本科和专业科的分别是在课程间不同的配合。本科包括若干课程为一学系，各学系的分别是根据学术的门类，如政治、经济、社会等，凡同属一个学术门类的课程归入一系。本科学生以学术科目为主去进行学习。这是经，或是直线的。但是训练一个专门业务人材却不应受学系的限制，因为在实用职业上就须根据该业的需要去综合各学系课程，进行学习。譬如一个胜任建设计划中统计工作的人材就需要学习基本的政治、经济、社会课程，甚至须对农业、工业、商业的概论有相当的认识，因为只有这样才能应用他的统计技术。学系说是经，专业科就是纬，是横面的，是跨系的。每一专业科也是包括若干课程，不根据学术门类，而根据业务需要。

所以我们说，本科和专业科其实只是大学所设课程的两套配合系统。配合的根据不同，一是偏于理论，一是偏于实用。但是每一课程，这个共同的基本学位，却是理论与实用的综合。

这个计划中承认学系这个系统，这是依照现有的情况而决定的。学系的分别，甚至学术的分门别类是否合理，固然还是值得讨论的问题，但是以现阶段论似乎不宜采取"打烂重分"的策略，因为现有学制是建立在院系基础上的，一切有关事务行政都由这个系统进行。若在目前把这体制取消，就不免会引起紊乱。同时我们认为专业科的设立并不需要把院系体制取消，改弦更张，而可以采取经纬交织形式把专业科设立起来。在行政方面说，这两个系统并不冲突，而可以并行，甚至相辅的。

以现有行政基础为出发点，各系开课，各按该系改订后的课程办理。各专业科依其需要在各系中挑选它所要的课程，由组织该科的主任会同各课程的教师成立一委员会，推进关于该专业科本身的行政事宜。为了要避免原有学系壁垒阻碍专业科各课程（它们是属于不同学系的）间的密切配合，所以原则上必须确立专业科不得附设于学系的办法。系和科之间如有磨擦，大学行政当局应直接负解决的责任。

四

专业科的设立并不是由大学主观决定的，闭门造车是不成的，因为专业科必须保证毕业生服务的机会。以往很多专科学校犯了这个错误，专业科毕业生非但常会发生学非所用，而且反而因为"专"而得不到就业机会。这个计划中的专业科是以配合建设计划为前提的。一个国家不从事建设或从事建设而没有计划，也就谈不到我们在这里所提出的专业科。我们能在这里提出这个由大学来设立专业科的计划，是因为我们已是新民主主义的国家。新民主主义国家的政治经济是有计划发展的，所以所需那种人材是可以预定的。大学可以看作是一个生产人材的工厂，各建设部门按政府决定的建设计划，向各大学发出定货单。各大学设备不同，根据定货单检查自己的能力，决定能否承办。定货和承办双方对成品的生产是同样关心的，所以双方在签订合同之前，必须充分交换意见，承办方面要明白定货方面所定货物是怎样的东西，定货方面要明白承办方面怎样生产这些货物，有没有这生产能力，需要什么帮助。如果承办方面在师资设备等方面有需要添置和补充的，定货方面可以设法帮助他。定货方面还得经常的检查生产过程有无缺点。在这个譬喻中，我们很可以看到大学设立了专业科之后，和各建设部门的关系会怎样的密切联系了。

有了专业科的办法，以往把大学孤立起来的围墙就可以拆除了。这是很重要的，因为被孤立了的大学在教学上已有了偏向，学术脱离了人民的生活。为人民服务的大学决不能有这垛围墙。但是大学怎样能不脱离人民呢？怎样能使从群众中来的学生，经过了大学的学习课程又回到群众中去呢？关键是在大学里所造出来的人材要保证能做为人民服务的事。这保证是双重的：一是大学要知道学生将来要做什么事，一是大学要能教他怎样能做这些事。如果大学不明白他们的学生将来要做什么事，也就很难有计划的教他们的学生了。谁可以告诉大学社会上需要什么人材呢？在过去的社会制度下，大学跟着传统走，所以连这个问题都可以不必问的。更明白说，大学所给学生的是一个资格，而不是一套本领，所以这问题便不发生。现在情势改变，传统已不能成为大学方针的指南。现在能具体答复大学怎样能培养为人民服务的人材的，是政府中主持建设计划的各部门。各建设部门知道要什么人材，大学知道怎样产生这些人材，两相配合才能完成为人民服务的任务。

因之，在决定设立那一种专业科之前，大学必须和各建设部门有详细的协商，规定一个计划，然后有计划的把各种应当设立的专业科，按步骤的分别依各大学原有的基础加以实现。

论 考 大 学

每一个在大学里念书的人没有不记得投考大学时那一段磨折。每一个想进大学的学生，尤其是中学将毕业的学生，没有不为了投考大学而感到恐惧和烦恼。更有不少投考大学失败的人，为数每年总在几万人以上；为这一关不能通过而颓丧失望成为人生过程中一件难以补偿的挫折——这一切其实已足够说明"考大学"实在是有问题的，同时也表明以往教育制度必然有它不合理的地方了。

让我们先问问：为什么"考大学"成为难关呢？首先可以指出的是要升学的人多，而大学容量相对的少。譬如历年清华大学招生时报名的人数总在1万人左右，而能够录取的只在500人左右。二十人中录取一人，这一关口这样紧，这样狭，怎能不挤？把门开得大一些，问题不是解决了么？当然，这门是可以开得大一些的，但是这门总有一个尺寸，因为学生的数目要和学校的设备和学习内容相配合的。要实习的课程如果人多设备不够，这门课程就学不好。像清华、北大，如果尽量招足学生，每校每年能收入的也只在1000人左右。如果1万人投考，还是有9000人进不进来。

于是我们可以看到问题的另一方面了，那就是：为什么每年有这样多的学生要投考大学？这是好现象呢还是坏现象呢？这是否表示中国教育的发达？不是的。实在的意义是以往中国教育没有和社会的需要相配合。在解放以前，中学看成了是大学预备学校。中学校的好坏用考得上大学的毕业生数目来决定。在这种中学里教育出来的学生除了"考大学"之外并无专长，并不能进入社会得到应有的工作。因之，中学生一般的志愿是"升学"，就是"考大学"。这种情况造下了大批的大学预备军，挤在大学的门口。这个关口也愈挤愈紧。我的确知道有很不少学生一连几年投考大学而还是在门外的。他们觉得这是惟一的出路。闭了眼，在这关上碰。

很显然的，每一个人都能得到高等教育的社会阶段现在还没有到，而且现在的社会上也并不需要，也并不能使每一个人都费上二十多年在学校里。所以小学的人数必多于中学，中学的人数必多于大学。而且中学毕业生中大部分是不升学的，所以中学教育必须摒弃"考大学"的目的，而直接造就能为人民服务的人材。只有这样改造之后，中学教育才能上正轨，而大学招生问题也可以得到合理的解决。

中学教育的畸形发展并不是偶然的，而是以往不合理的社会中发生出来的。在一个封建社会中，人和事的配合并不根据才能，而根据"资格"，资格就是身分。一个没有大学毕业的技工，不论他能力怎样好，没有希望会升成工程师的。什么限制了他呢？是资格。反过来说，一个取得大学毕业证书的人，不问他的才能怎样，总可以混得一个职业。靠什么呢？又是资格。这就是封建社会的特色。因之，一个想在社会上获得较高待遇的人就专在资格上打算了。考大学成了科举，为此可以拼命，可以一进大学，好像登了龙门，就可以"混"了！混学分，混文凭。——这种社会本质不改革，挤向大学的风气，也是不会转变的。

解放之后，上述的情况基本上改变了。表现出来的是投考大学的学生减少了。以清华和北大说，今年考生的数目比去年已减低了三分之一。有些人觉得这表示了大学的衰落，其实，刚刚相反，这表示了中国的教育已开始走上正轨。在大学里说，学生已破除了混资格的心理,"资格"在社会上已经不发生作用,封建主义已经受到严重打击,从式微而将消火。最明显的实例就是许多即将毕业的学生,在人民需要他们的时候,绝不考虑证书的问题,走出学校去接受他们的任务。在学校里的学生,不再从学分上打算,而认真实事求是的学习功课了。封建主义的打倒使大学不再是龙门,因之许多青年的眼睛向着人民的需要注视,发现了比进大学更有价值的服务机会,他们不再向大学里挤了。

更重要的是社会本质的改变,革命的进行开展了每个知识分子为人民服务的机会。加上了建设事业百废待兴,在短期中需要大量的人材,所以不论教育程度的高低都有他工作的岗位了。

为大学本身说,这并不是衰落的表示。现在考生的数目还是远超过能收的数目,大学还是可以得到能充分利用它设备的学生数,为人民培养专门人材。

更进一步说,我们希望今后中学毕业生的升学应当有计划地在毕业时依学生的志愿、才能和成绩,决定他是否应进大学和进那个大学,根本上使现在浪费人力财力的招考制度能归于消灭。这个希望,我相信,在我们教育制度合理发展中必然会实现的,虽则以现在来说,还是太早。

(一九四九年八月十八日)

论 假 期

校历是学制里一个很重要的部分。我们的大学，和中小学一般，采用两学期制。每学期约十六个星期，一学年共三十二星期，所以每年有二十个星期的假期。除去若干办理选课及考试等事务时间，大约三分之一年或四个月是假期：暑假占三个月，寒假占一个月。

在改革学制的运动中，大学校历里是否需要这样长的假期是个值得提出来考虑的问题。首先应当问：为什么要有这样长的休业时期呢？理由似乎很不充分的。譬如说是因为天气太热或太冷不宜于学习罢，那是不值一驳的。这样说大学不是只能设立在温带了么？或者说：学习是高度的脑力劳动，所以必需有一个较长期的休息才能继续。事实上一出学校大门没有一个用脑力劳动的工作能享受这样长的假期，效率却并不见得难以为继。——这些并不能成为理由的。

可以认为是理由的说法是：在学生方面，经过了几个月的学校生活最好改变一下，因为学习是多方面的，而学校里所能得到的多少偏于某一方面。学业休止后，学生可以有一个较长时期参加其他种类的生活，接触不同的人物，得到学校里没有的经验。在教师方面，可以有一个较长时期准备他们的课程，补充和修正他们原有的教材。这样说，学校的假期并不是等于休息，而是不同工作的调剂。

但是事实上，假期内的工作，学校方面以往向来是不管的，更说不上指导。学生们"放假返里"就在家里消夏或过年，留在学校里的也是以宿舍为避暑之所，过他们优游的生活。更令人难解的，有些学校趁这假期开设"暑期学校"收费招生，做一笔外快生意。如果暑期同样宜于学习的为什么另设学校呢？

传统和习惯维持着这种校历，对于这一年中三分之一的光阴怎样利用的问题却不去追究了。

解放之后，为了要提高造就建设人材的效率，校历里的假期存废问题已经被提出了。最简单的说来，如果一年分成三学期，原来四年的课程三年里就可以修完，这样不是可以在较短期间养成更多的人材了么？这个意见是废除假期，每学期依旧维持十六星期的长度，每两个学期的交替处留出两星期办理选课和考试等事务。一共是五十二星期。这样可以避免学期本身的缩短，影响到课程内容的修改。

这种方案之下，一个学生进了校门，就得继续住上三年，很少机会能较长期的离开学校了。我们得承认，大学教育中有些部门并不能完全在校园之内加以完成的。最显著的例子是地质学。要明白地层的构造就不能单靠课堂上讲授，而必须走出学校去实地观察。同样的，社会科学需要实地的观察和实习。譬如一个校址离城市较远的大学要调查研究城市问题，或是一个校址离乡村较远的大学要调查研究乡村问题，他们的学生就必须有较长的离校时期去做这类学习工作。再如工学院的学生需要在工厂里实习，甚至是文学院的学生为了要深刻了解文艺作品也必须有一个较长时期去和各种生活不同的农民工人等接触。——这是说，我们不应当把大学看成一个可以和外界隔开，孤立的，自足的单位。大学教育应当充分的和校外联系，打成一片。但是，在时空的局限下，校内和校外，或是讲授和实习，双方不能同时进行时就不能不分期进行了。这种办法在上述每年三学期的方案中很不容易实行。每一个学期不能专习一个课程。如果离校实习，其他课程就不能不停顿了。

因之，另一种意见是认为假期的制度不妨维持，但是本质上须加以改变，就是贯彻"假期并非休息，而是离校学习"的原则，把假期规定为一种"实习期"，在"实习期"不但有一定的学习课程，而且有一定的教师负责指导。所不同于"学期"的是学习的地址和方法：地址是在校外，方法是不在讲堂上而在各种宜于实习的地方。

如果这个意见是可取的，现在把假期分成寒暑两段的办法似乎也应当修改的。为了使"实习期"可以充分利用，最好是把一年中四个月的"假期"合在一起，不要分割成几段。换一句话说，就是加长暑假，取消寒假。

实际上大学中各个学系所需在校外实习的时期长短并不相同，而且有些学系可以在校内实验室里进行学习，不需校外实习的，例如物理、化学；甚至有些学系根本不必实验或实习的，如数学。不但如此，每系中各年级所需实习也不相同。普通说来，大一和大二偏重在基本课程的学习，无需校外实习。校外实习大多要在大二修毕后开始。每个需要实习课程的学生有两个"实习期"可能已经足够了。所以为了适应不同的具体情况，凡是不需要实习的学系还是可以改实习期为"学期"，缩短四年学程为三年的。

再进一步，每系的"实习期"并不一定要规定在

"暑假"里，尽可以根据实际需要选择适宜的时期，把一"学期"划出来作为实习期；而大学本身则经常进行工作，所有的设备均可以得到充分的利用，不因假期而浪费。至于教师方面则可规定休假办法来予以调剂。现行制度是服务五年后休假一年，如果采取每年三学期制，就不妨规定为服务十学期后休假三学期。集中的休假自应当比分散的假期对于教师的晋修上更为适合。

大学精简节约的标准

在政府精简节约的号召下，各大学有责任贯彻向人民负责的精神，顾到国家财政的困难，尽量以最低可能人力物力完成最高可能的任务。精简节约的基本意义是在："减轻人民的负担，提高工作效率。"并不是因陋从简，省钱敷衍，而是积极的要在经济原则下，使人民所供献的每一粒小米，在革命建国过程中发挥最大效率。说得更清楚一些，并不是为省钱而省钱，不是单纯的减工简材，缩紧业务，而是减低成本，提高品质，消灭浪费，根绝腐化。所以精简节约运动完全是积极性和创造性的，和反动政府时代裁员本质绝对不同。

我们可以首先承认各大学在反动政府时代和其他公务机关相比是较为有效率的，但是衙门恶习也并不是毫没有侵入学府之门，或多或少的存在着各种腐化的恶劣现象，好像财政不公开，各部门的经费依主管人的偏袒而发生轩轾，人员进退不依靠业务成绩的标准，而徇私处理，造成派系磨擦和冗员闲缺的现象。解放之后，原本就应当早日把这些恶劣现象加以纠正了。现在政府号召精简节约正是着手整理的好机会。

在大学里实行精简节约，必须先研究出一个有关效率和成本的标准来。在一个生产机关，效率的计算是比较容易，成本会计的任务就在算出每一件出品所费的成本。这已是一门成熟了的学问，而且是每一个现代生产机关所不会缺少的部门。但是把这个概念应用到生产人材的学校里却比较困难些。

我们认为把大学看成一个生产人材的机关是正确的看法，因之，我们可以讲效率，讲成本。大学的成品是他所教育的学生，严格一些说，是它每年毕业的学生。让我们先从这一个基础上来计算效率和成本。在这一层上说，相同的人力物力能教育出较多的学生来就算效率高（学生的程度须相等）。这一个粗糙的计算，至少可以给我们做细密分析的开端。

首先要问的是培养一个学生要多少经费。为了要看出学校本身的效率，所以可以把人民助学金一项除外。一个大学的经常费总额（包括员工薪金、教学费及行政费）除以学生人数，得出的数目就是每个学生平均成本。我们曾根据 7 月份的情况估计一下，平津各大学（华大、革大除外），成本最高的学校平均每个学生每月 526 斤小米，最低是每月 323 斤小米。7 月份的情况并不是常态，所以我们再根据下学期的情况来计算，各校招足了学生之后，成本相对的减轻，最高是每月 362 斤小米，最低是每月 295 斤小米。我们并不能说每月 295 斤小米是正规大学最低成本的标准数，这个数目在现有设备下，就是不再投资的条件下，依我们看来还有可能降低一些，但是要降低到 250 斤的界线，大概已经不太容易。如果能做到一个大学生 250 斤小米一月的标准，那就是说比 7 月份最高成本额减少一半以上。

我们可以再看一看在这成本中各个支付项目的比例。成本中包括三大项目：员工薪金、教学费用及行政费。三者的比例在各大学中又不相同。在成本最高的大学中第一项和后两项总数的比例是五对一。后两项间的比例是一对八或九。这是说全部经费的 84% 是费在员工薪金项内。余下的经费中又有 80% 以上是费在行政事务上，真正用在教学费上的却只占极少部分。另把成本最低的学校作例来分析，员工薪金还是占全部经费 70%。行政费和教学费的比例是 35∶65。在目前的情况中，我们认为一致用 65∶35 的比率是可以采用作标准的，那是说员工薪金占全部经费65%，行政费占行政及教学费65%。我们提出这个标准以供各大学的参考。

再看员工薪金项下各种职务的分配情形。与教学有直接关系的是教师，其次是职员，再次是工警。要提高大学的效率，原则上应当是提高直接有关教学部门的经费的比例。因之，我们可以再从员工薪水的分配中看教师和职工的比例以求一精简的标准。教师平均薪金750斤小米（教授平均是1100斤，但是教师中过半数是讲助），职员平均薪金500斤小米，工警平均薪金250斤小米。依这些平均薪金来估计现在成本最高的大学里教师和职工薪金的比例是100∶110；下学期成本最低的大学里的比例是100∶80。这个比例事实还是过高。精简的方向是减低这比例，至少应当降到100∶70，最好要能降低到100∶65。

在人员实数的比例上，这个问题更可以看得清楚。我们以每100个学生作基数，算出相对的员工人数。现在最高的数目是100学生对99.5员工，最低是100学生对34员工。下学期各校招足了学生后，最高额降为100∶60。最低的没有材料，但估计还是在35上下。而一般情形却在40上下，这是说两个半学生有一个员工。分开来看，现在成本最高的大学每100个学生有30个教师，70个职工。下学期成本最低的大学每100个学生有

16个教师、40个职工。在人员最精简的某教会大学中（因为经费不明所以成本不易计算）是100个学生有13个教师、21个职工。当然，在这些比较中，必需记住各大学性质不同，有些偏重理工，有些偏重文法。理工科所需员工多，而文法所需员工少。我们如果要进一步分析还得分院计算，才能求出更合事实的比例来。

在一个包括理工医农文法的完全大学中，学生和教师的比例能达到100∶15可以认为合于精简标准了。但是职工方面却应当加以更大的降落。以现有经验说，还没有大学做到100个学生比5个职员的标准，所以我们不妨暂定这个比例作为精简的初步标准。工警方面各校情况更不同，差别也更大，从100∶40达到100∶15。初步精简不妨以这个最低数作标准。

我们以上所列举的数字是从现有的经验中提出来可能争取的标准，但是这些数字只能做参考之用，因为实际情况是复杂的。因之，我们还得提出若干补充的原则以供讨论。

首先是要顾到大学水准的提高问题。大学并不像普通的工厂有了一套机器就可以继续制造一式的货品。如果要把大学譬作工厂，应当譬作一个不断要改造机器的工厂。大学所生产的是能在社会中工作的人材。而社会是一个永远在发展的实体。任何一套知识和技术都不能不跟着发展中的社会而变化，然后才能获得在社会里应用的价值。不但如此，大学的任务就在提高文化水准去配合社会的发展，所以它必须站在时代的前线。在大学里当教师的决不能学成了一套，在课堂上搬出来讲给学生听就算了的，他必须不断学习和研究。因之，为了提高大学的水准，教师们有着双重任务，一方面是教，一方面是学。一个大学在教师方面不应当太注意数量上的效率，以多教几个学生就认为是增加了效率，而应当同时照顾到他自身学习和研究的成绩。所以，上面所定下的数量标准不应当呆板的运用。如果有一个教师确是有真才实学，即使一时没有几个学生，大学里还得看重他；他可以是教师的教师，有为大学提高水准的作用。

其次我们要顾到学科之间的相关性；有些学院和学系主修生可以很少，从数量标准看是成本太高了，但是这些学科却可以是别系所必需的，甚至表面可以并不为别院别系开功课。但是大学有这种院系，这种教师，就可以使学生的眼光扩大，修养增进，得到大学应有的风气。我们要注重的说，在一个大学中，教师之间的观摩切磋是维持及提高文化水准的必要过程。一个学生中直接不太起作用的教师，可以在教师中起很大的模范和疏导作用。那些情况是不容易用数量来表示的。

在职工方面讲求精简时也切忌机械主义，不研究清楚行政机构运用的情况而加以普遍的缩紧，必然会影响到工作效率，甚至可以发生局部的停摆现象。我们曾对职工的结构略加分析过。大体上可以分出教学部门、公用事业部门、保卫部门和行政部门四个大的部分。教学部门中包括实验室实习工厂的管理员和技工等。这部门如果过分缩紧就会使一部分教师把时间费在事务上，影响教学和研究的工作，从全局看来是个损失，浪费了有用的人力。在公用事业部门中，有那些像修理电线、水管等人员，如果过分缩紧了，会影响设备效用的维持，如果在必要时向外雇工或是因失修而需要改造，所费行政费可以超过经常的维持费用。保卫部门，在有些校址在城内的，这种工作本应由市政府统筹办理，在郊外的学校，在很多地方得自己有专人负责巡逻、守卫，过分缩紧又可以发生事故。在行政部门中在一定的行政手续中有必需的人手，少了事务可以因之拖延，减少行政效率。所以每一部门都需要有精确的，实事求是的调查研究，去发现那些工作是不必需的，那些工作步骤上人数太多。然后加以精简，使精简结果不但不降低工作效率，反而加以提高。

我们这样说，并不是认为现在各大学的人员在工作上已有合理安排，事实上并不如此，而且离开科学管理的标准还远得很。我们只是强调行政机构的有机性，必须应用科学管理的技术和原则来处理。这样说不又是近于说这事困难，不易着手，而拖宕工作么？也不是。在目前，我们可以在每个大学中看到许多显而易见可以精简的部分。所以在这里我们想再提出一种分类：生产性的职工和服役性的职工。前者包括技工和熟练工，俗语说"有一手活的"。后者包括洒扫、整理、差遣、照料甚至侍候人的普通工。譬如每个宿舍都有几个工友，接电话，倒开水，送信等服役，那些是不必要，而且是要不得的。这些服役性的职工是应当从早把他们调到生产工作去做活。普通工的数目在全部工警中所占比例时常是并不少的。在一个比较精简的大学中，依我们的估计竟高到三分之一。因之我们认为这些普通工应当是简精的重点，同时也想立一标准：二十个学生有一个普通工。这标准定得并不过高，是可能达到的。

大学的改造
——迎接一九五〇年

在解放过程中，文化教育的改造比了政治和经济的改造需要更多的时间，因为文化教育的改造基本上是思想改造，改变过去的宇宙观和人生观而培养马列主义的宇宙观和人生观。在文化教育的改造中大学教育的改造又有它特别需要克服的困难。首先是大学教育的成分，包括师生，绝大部分是从资产阶级和小资产阶级，甚至还有从官僚资产阶级，买办阶级和封建地主阶级出身的。这是历史造下的结果，劳动阶级在过去严重的剥削下，他们的子弟很少有机会受到大学教育的。在最近的将来，这种情况还不容易有很大的改变。在这些思想上还保持着非无产阶级成分的知识分子，思想改造是特别困难，又因之特别重要。其次，过去中国的大学教育可以说是封建和买办的接合体。说它是封建性的，因为这多少是科举的变相，大学并不针对着社会的需要培养人材，而是给学生一个资格。所学和所用可以毫不相关，只要有这个资格就可以进入社会中的特殊阶级了。说它是买办性的，因为大学教育原是从"西学"中长成的。中国需要接受西洋文化是不成问题的，成问题的是脱离了民族基础，移植了片面的西洋文化，结果造就出来的人只会用西洋货，而不会制造"西洋货"了。理论上充满了和实际脱节的玄谈和教条，在技术上成了资本主义国家的推销员。所以当中国人民站了起来，要自力来建设中国时，大学里原有的许多课程多多少少都显出了缺点。要把西洋的科学结合到中国本土的实践，就不是抄袭和传达所能做到的了，要的是创造力。这又是大学教育的改造不能速成的一个基本原因。

困难是有的，急躁固然不可，但是改造工作也非坚决进行不可。中国在这个阶段不是嫌知识分子太多，而实在是太少。中国不是嫌科学太多，而实在是太少。现在的几万个大学生会在中国最近将来建设工作上起很大的作用，那是肯定的。但是所起的作用大到什么程度则将决定于这几年大学教育改造工作做到什么程度了。

华北解放较早，最先解放的大学，到今天已有一年了。在这一年里所得到的经验,也许正是其他解放较迟的大学面临或将临的问题。大体上把这段经验择要说一说可能是有用处的。

在表面上看来,这一年中在大学行政组织,教育行政,课程规定等各方面都有了许多兴革。譬如说:校长制暂时停止,改为校务委员会集体领导制。若干原有共同必修课取消,添设了政治课等等。这许多是表面的改变,基本的是在思想上起了变化。如果以校务委员会代替了校长,而做起事来依旧是独断独行,不走群众路线,凡事不能把握政策,多多与群众商量,使大家明白每件事为什么这样办,对大家有什么好处,那么组织上的改动也就不会有什么效果了。但是如果要在领导方面改变作风,那就得搞通思想。封建官僚以及资产阶级的旧民主作风都会阻碍新民主主义文教政策的实施。在行政上要提高效率必须发挥民主管理。过去知识分子对职工的轻视,和缺乏劳动观点所造下的因循敷衍的传统必须改革。在课程方面,过去教学的不相沟通,教师高高在上,不问学生的收获,已经发生了教学效率降低,课程内容不切实,学生学习情绪低落等等现象。这种种都说明了大学教育的改革决不能单从形式入手,而必须从思想入手,使大学在本质上起变化。

这些话并不是高调,而是经验之谈。因为领导上不走群众路线，事情就办不通。目前的大学处处都要作适当的改造，而这些改造却不能是闭门造车的独出心裁。首先要明了情况，又要能掌握群众的情绪，所以必须随时和群众接触，吸收意见，发挥其创造性。但是旧有的知识分子对于此道却最不熟悉。大多以为问心无愧就成了，其实这正是刚愎自用，个人英雄主义在作祟。

同时，在大学里又特别容易发生的偏向是极端民主。大学是知识分子的集中地，小资产阶级自由散漫的作风是很深的。尽管口头上说得怎样进步，对于集体生产的纪律性是十分隔膜的。解放之后，翻身观念必然会在群众间发展起来，一加上自由主义的没有纪律性，就会形成否定一切的无政府主义思想。学生对于原有制度的缺点是十分敏感的，但是却不容易有实事求是，负责改造的沉着态度。于是一触即发，放弃了旧的，又没有新的，飘荡在不满和烦恼的情绪中。如果领导方面表现出心虚，不敢面对群众，凡事低头顺应，就会做群众的尾巴。大体说来，因为革命形势的发展，青年人在思想上包袱少，容易接受进步思想，所以在大学内，不免有因年龄的差别发生进步和落后的划分；又因为大学的性质总是年龄大的多负教育和领导责任，于是上述的偏向更容易发生。这也许是大学教育改造过程中必然会发生的现象。但是这是偏向，对于改造本身是不利的。要纠正这偏向，只有在教师方面加强政治学习，在思想上能取得领导地位。这是今后亟应发展的方向之一。

压制反动，克服顽固是初期工作，限于这种工作是不够的。要使大学能顺利的改造，使其适合于人民的需要，必须发扬校内各阶层的积极性和负责态度。在解放前早就潜伏着的矛盾，解放后会有一个时间暴露出隔膜和对立。师生之间，教授和讲助之间，教职之间，职工之间，一层一层闹进步瞧不起落后，落后向进步侧目而视的情绪。这样就违反了团结。在大学里并没有剥削与被剥削的关系，不是阶级的对立，全校是为着一个目的而工作的一个团体。学生要学得好，必须教师教得好；教师要教得好，也必须学生学得好。教授和讲助更是一件工作上的两只手。职员和工人不过是一种分工。所以其间的对立是人为的，可以，也必需消解的。思想上有进步和落后之别固然是事实，这不过是改造过程中的先后，是先进和后进之别。为了把共同的工作做得好，先进要照顾后进，后进要靠近先进，互相帮助，这才是正当的态度。但是在受着小资产阶级思想遗毒的知识分子中，文人相轻，自高自大的作风，变了一个形式，闹起对立来，那是有害的。在过去的经验中，凡是能团结的学校，能团结的院系，改造得也必然快。因之，消除对立，力谋团结，是今后大家必须致力的方向之二。

大学的中心工作是在教学，他的任务是在培养建设人材。但是一个大学要能着手在课程上谋改造，必须先创设种种条件。解放初期首先是要保卫得周全，使物质设备和师生员工不受损失。其次是生活上的安定，心理上的稳定，各阶层的团结，教学双方巩固相互的信心，有了这些条件，才能实现教学上的改造。教学改造基本是各课程的改造，各课程的改造必须是由教师来领导的。一个大学里学生尽管进步，学习情绪尽管高，如果不能打通教师的思想，发扬教师的积极性，课程还是改造不了的。这一点是极重要的，尤其是在解放初期，有把教师看成统治者，否定他们的地位，对他们不信任，结果是阻碍了大学的改造。教师中有思想落后的，学生有责任去帮助他，善于诱导他去接近时代，而不是打击他，使他失去自信。一个对自己没有信心的人绝不能做教师，而大学里又不可能没有教师的。我们不是嫌教师太多，而是太少。

课程改造是逐步的，譬如要编写中文讲义来代替英文原本，就不是一件简单的事。专门名词的翻译要经过商讨，而且最好是要能统一。课程材料要多用本国的事实，这是必要的，但是本国事实要能吸收到课程里去是要经过一番搜集和整理的；而且有许多事实根本没有系统的调查和试验过，还得从头做起。中国科学的贫乏是一件不可能否认的事实，决不是个别教师能在短时期中提高得起来的。这种种事实上的限制，使得课程的改造要经过一个相当长的时间。但是在学生方面因为学习情绪的提高，对于现有课程有不满意的地方，因之很容易犯急性病和求全主义。这种情况大概在一个大学略略走上轨道之后就会发生。学生犯了急性病，对教师的压力过高，改造课程是会欲速不达了。如果教师在主观上不愿改造，那是可以批评的；如果客观条件上对改造有限制，则必须忍耐和共同努力来逐步克服。这一点在改造课程时，教学双方必须有充分的认识。

在全国各大学说，一九五〇年必然是一个紧张改造的年头。我写下这一点经验之谈，希望能有助于改造的工作。

社会学系怎样改造

一

社会学系改造问题原是有关社会科学各系改造一般问题的一部分，但是社会学系因为它的内容，就是所讲授的社会学，和其他社会科学有它的特殊的性质，因之，它的改造也有它特殊的问题。因为它的特殊性，所以去年高教会所颁布的文法学院课程改革方案中没有和其他各社会科学一般的特定的分系列举，只做了原则性的指示。因此也曾引起不少的猜测，甚至有认为这个学系可能就要被取消了。

社会学系的特殊性，可以从两方面来说，一方面，社会学系的改造是比其他社会科学各系更为复杂，需要更深入的研讨，甚至需要更大规模的改造；另一方面，它的改造却没有其他社会科学各系的急迫。

要说明社会学系的特殊性，我们得择要说一下社会学的性质。先得说明社会学是在西洋发生的，更明确一些，是在法国开始的。最早提出这个名词的是孔德（Comte），去今已有一百多年。接下去，有李泊兰（Le Play）和涂尔干（Durkheim），这是社会学的正宗。后来才传到美国，在美国发展很广，但是性质上说还是旁枝。为什么在法国会发生社会学呢？在一百多年前，正是资本主义的高潮，主要的地点是英国。英国从工业革命获得了当时最先进的生产方式和最强大的生产力，击败了大陆上的国家，夺取了他们的殖民地，独霸着世界。欧洲大陆原本是以农业和手工业为基础的，从英国逐渐输入了工业，但是被英国阻碍着资本主义的发展。在旧的农业、手工业和新的工业，在各资本主义国家间；更基本的在，新从乡村里吸收出来，在城市里出卖劳力重重剥削下无产阶级和新兴的、但又不顺利的资产阶级间的矛盾中，发生了欧洲社会空前的混乱和窒息。在这个情况中，发生了各种空想的社会主义，这个泉源里流出了一派被称为"社会学"的学说。像李泊兰和涂尔干都是以分析社会病态入手的。但是他们并不是马列主义者，所以并不从阶级分析来了解这病态，而从唯心的立场来创立学说。这些学说固然不能解决当时的社会问题，不能把社会发展推进一步，但是有一个特点，就是揭露了资本主义所引起社会上各种不合理的现象，像犯罪、自杀、失业、穷困等等。有许多当时的调查材料，还足以表现当时社会的情况。

从病态方面去观察社会，没有马列主义的观点，就易于流为改良主义。这种改良主义适合于当时在欧洲大陆上尤其是法国，很普遍存在的小资产阶级的要求。社会学的发达有这样的社会根源。

社会学传入美国是在资本主义的矛盾已经相当深刻，但是资产阶级的力量还是相当壮大的时期。改良主义就被资产阶级利用来作各种"救济"的张本，结合了基督教的"慈善"观念，资产阶级拿出一些残羹来施舍于被剥削的无产阶级以减低无产阶级的自觉和反抗。这一套被称为"社会工作"，也是美国社会学的主流。各大学的社会学系就是养成许多从事于"社会工作"的人材。资本主义矛盾愈深，社会病态愈烈，社会工作的需要也愈大，社会学系也愈发达。

社会学系在美国各大学中尽管发达，但是在资产阶级的学术界中却一直是被轻视的，这并不是偶然的。一方面它在暴露资本主义的弱点，虽不革命，也是不知趣的；一方面它只做些修补工作，是资产阶级的奴婢之事，不是中心工作。中心工作是积极加强资产阶级的统治：法律、政治和经济。这些才是正统的，才是古典的，才是堂皇的。社会学不可能有这地位。

我在上面所说社会学的特殊性就在这里。它和资本主义社会的关系和其他社会科学有这样的区别。这是就它在欧美资本主义社会国家而说的。因为它具有这特殊性，当这门学科传入中国后，又产生了和其他社会科学不同的情况。中国是个半封建半殖民地的社会，不是资本主义社会。美国式的社会工作没有基础。如果要向这方面走，只能限于"华洋义赈会"、"青年会"这一类买办性的服务。帝国主义对殖民地的劫掠比了资产阶级对国内无产阶级的剥削更为凶恶，连"慈善"都是有限的。但另一方面，中国一百多年来受帝国主义侵略所造下人民的灾难痛苦，如果称之为"社会病态"，在任何一方面都更为深刻。而且在社会发展过程中，在一定程度上，是有类于一百年前的欧洲大陆，就是农业手工业的个体经济受到了大生产工业的打击。这个客观情况很容易引导一部分中国社会学的学生走上法国早年社会学的道路，着重于社会病态的调查，流入于空想社会主义。但是这个时期的中国和百年前的法国却有基本上的不同。法国不是半殖民地，虽则带着半封建的残余。在半殖民地改良主义的基础是薄弱的。而且在这百年中马列主义已经发达了，社会主义已经从空想到了科学。这个情况影响了中国的社会学，部分的，或是走私性的，夹带了马列主义进入学府之门。

综合起来说，中国社会学是极复杂的，除了搬运贩售西洋各家社会学说之外，和实际结合起来的方向主要是两个：一是在外国捐款下搞社会工作，一是从社会病态入手去做社会调查。前者容易偏于接受买办意识，后者主要是接近于空想的社会主义，但是靠近了科学的社会主义，对于社会现状大体上是批评的，也因之容易和民主运动结合，在革命的大潮流下是偏于进步的。

中国社会学和其他社会科学相比较，它的特殊性因之也显著。因为社会学注重调查研究，所以和具体实际接触的机会多，接触面也广，结果使社会学的内容容易中国化。用中国社会现象作讲授社会学材料，在各大学中，至少已有十多年的历史。在抗战前后，解放区外，比较有系统的社会调查，包括农村，都市，以及少数民族，都是学社会学的学生做的。也就因为当时中国社会学的发展方向走上了"实地调查"，曾被其他社会科学目为"理论浅薄"，甚至怀疑它的科学地位；还有不少大学排斥社会学，不予成立学系的。

二

以上是解放以前中国社会学的一般情况。解放之后，科学的社会科学不成为"非法"了，在大学中原有那一套资产阶级的"社会科学"必须在科学的标准下加以批判和改造了。具体的说是各学系课程的改造问题。

社会学系在它历史发展上所发生的特殊性，使它的改造问题也和其他社会科学学系不同。其他"社会科学"因为和资产阶级是正面结合的，最好的例子是法律。《六法全书》被废止了，法律系所授课程的内容根本上成了问题。学法律的学生必须先把《六法全书》放下了，去学习马列主义，然后才能利用新武器来批评旧法律，更须掌握政策和调查具体的社会情况，才能学习新法律。这种改造是严重的。而社会学系课程的改造，在一定程度上说，没有这样严重。就是以"社会工作"课程说，好像儿童福利、工厂检查等并不是直接维持反动统治的。社会客观条件没有重大变化前，这一类课程对于新民主主义社会建设还是有相当用处。问题是在改变观点和充实内容。至于那些原来已经夹带了马列主义的课程，如社会发展史、社会调查研究，主要问题是在淘汰非马列主义的部分，使它们发展起来。观点和方法的改造是要逐步的，不能过分急躁的。而且事实上，以京津来说，有社会学系的那些大学，社会学系的课程和教员常在新设的政治课中起着很大的作用。这事实也说明了社会学系在本质上是较其他社会科学学系更接近于科学的社会学，至少他们传统的包袱比较轻些。

但是社会学系却在另一方面碰着了其他学系所没有的问题，即使有也不比社会学系为严重的问题。以往社会学是被视为一门独立的学科的，不但理工学院不必问闻，即使是学政治学和经济学的学生也可以不必知道社会发展的过程，城市和乡村的关系等等。这些被保留下来给了社会学系。社会学靠它的"综合性"，凡是其他"正经"的社会科学所不讲的，社会学都可以拾起来作为自己的。而这些却正是宝贝，资产阶级所忽视的或不敢看的东西，杂七杂八的堆在社会学的仓库里，这是为什么社会学可以夹带走私的搬出一些马列主义的宝贝来的原因。现在情况改变了。这些宝贝不能算是社会学系门内的东西了，不但文法科学生都要深入的加重这些宝贝的学习，理工科学生也都得学习了。这些宝贝一旦归之于公，社会学留下来的却没有什么特别有价值的东西了。

社会学改造到最后必须完全是科学的社会学，也就是马列主义。而其他社会科学也是如此，所以最后必然是要归并的，至少是在基本马列主义学习上是要统一的。这时候社会学系还能存在么？为了这问题，清华、燕京、辅仁三校社会学系教授代表共同讨论了一次。讨论的总结中关于这问题有这样一个初步结论：

"我们共同认为今后社会科学的基础就是马列主义，所以不论政治学、经济学、历史学及哲学均应有一个共同的基础，它们都不过是在这共同基础上发展出来的重点。因之，原有各系完全分别独立的情况是不宜维持的，今后应当沟通各系，逐渐实现一个社会科学院，现有各系将要成为这学院里的重点。在这个时候，现有社会学系课程主要的将成为该院的基础课程，凡有专业性的课程可以成为该院重点之一。

"目前法学院及文学院之一部分归并为社会科学院的条件尚未齐备。当其他社会科学性质的学系尚分别存在时，社会学系亦无先予取消的需要，而且正可以社会学系为基础加强马列主义基本理论课程，并为将来社会科学院作筹备工作。"

这段结论的意思是现在的社会学系在将来社会科学合并为一个单位时，所处的地位不尽同于其他各系。简单的说，它将分为若干部分，其主要的一部分是成为新单位的基础部分。其他各系各有其专门性的重心，而原有的社会学系却并不像其他各系那样有显著的专业性。

社会学系在供给新单位的基础课程外,所留下的一部分,在现在尚不是主要部分,可以加以发展成为新单位中的重点之一。下列的图表示现有各系进入新单位,或称作"社会科学院",所占的地位:

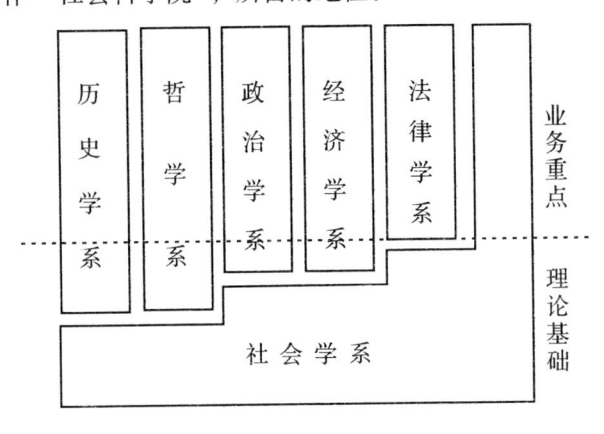

历史学系	哲学系	政治学系	经济学系	法律学系	业务重点
					理论基础
社会学系					

三

社会学系比了其他现有社会科学各系缺乏专业性确是事实。譬如法律学系学生毕业后可以当法官或律师;经济学系学生毕业后可以当银行行员、会计师,等等。社会学系毕业能做什么呢?这问题时常是学生们所焦虑的。其实这问题的提出实在已表示要明确大学的任务了。大学所要造成的是那一种性质的人材?

解放以来,因为鉴于过去大学里的教材常常和实际不相结合，甚至有些尚在搬运外国大学里的教材，以致学生学了，出了学校在实际工作中用不上去。所以第一步必须力求和实际结合。这是完全正确的。但是就在这个问题上发生了一种偏向，就是流于褊狭的技术观点，学生要求在学校学会一行手艺，出门可以有本领吃饭。大学里显著难给学生出门就能用的手艺，因之学生方面发生了很多不满意的情绪。

大学不能训练一项专门技术是不是说大学根本就没有用了呢？不是的。大学里的教学是给能掌握技术并提高技术的人的理论基础和文化程度。理论并不是空谈，而是前人累积下来的经验。以往的弊病是把理论弄成了教条，现在的偏向是只求经验忽视理论，都不正确的。主要是在讲理论时和具体事实相结合，而并不是不要理论只求学手艺。

因之在我们的讨论中有下面的结论："在这里要说明的就是我们认为大学和专科学校是有分别的，分别的要点是在大学应当着重综合性的训练，使一个大学生毕业之后，具有较高的理论基础及文化程度，使他们对所担任的业务，有能力可以起创造及提高作用。大学毕业生在专门业务训练上可能在初期内赶不上专科毕业生，正等于专科毕业生可能赶不上学徒，但是因为他们具有较高的理论修养及文化基础，在对业务的创造及提高方面，可以发挥出他们的长处，而这种长处，是学徒甚至专科学生所不易有的。

"不过在目前的情况下，大学却不能不同时注意专业训练，因为一方面专科学校太不发达，在社会经济建设中，中级干部最感缺乏。大学毕业生一出校门，他们常常要担任技术性的工作。另一方面经过了十年战争，中学程度已很降低，大学实际上在做一种补充中学程度不足的工作，如果不顾实际情况，强行一般大学的标准，必然会发生好高骛远的弊病。所以在中学程度没有提高之前，只有降低大学程度，至少是部分的，让它暂时代替较高的专科学校。因此，在现有课程中应加强专业训练。"

我们在原则上，认为大学应当着重和具体实际相结合的理论教学，但是照顾当前的情况，一方面社会上急需具有专门业务训练的人材，另一方面学生中技术观点还是很强，所以必须适当的着重业务训练。这种理论和技术并重是否会太加重了学生的负担确是问题。我们觉得还是值得商榷的。

社会学能不能在业务训练上发展呢？这并不是一个理论问题而是一个实际问题，就是现有社会科学各系所已发展的重点外还有值得发展的重点没有？譬如说户籍工作就需要相当专门性的业务训练，其他社会科学各系是否在训练这种人材呢？同样的如儿童福利工作，工厂检查工作，甚至如少数民族工作等，都是人家所不注意而事实上十分需要的。当然理论上说这些工作都可以分别在政治学系、经济学系去训练。这一点我们完全同意，因为我们认为政治学和经济学等和社会学是没有基本上的区别，所以最后应当合并的。社会科学一般理论，也就是马列主义，在实践时才有不同的领域，那就是我们所谓业务重点。在各系还独立存在的阶段，社会系正可以在原有其他各系不注意或设备及经验不足的重点上谋发展，在将来合并时，可以使新单位内容更为丰富和完整。

四

根据以上的认识，我们可以更具体的讨论到目前社会学系的课程问题了。

社会学系的课程可以分成三大类：一、马列主义理论课程；二、文化工具课程；三、专业性课程。

甲、马列主义课程 本类课程又可以分为两层：一层是基础必修课程，二层是提高理论水平的课程。基础课程包括全校性必修课，如历史唯物论及辩证唯物论、新民主主义论；文法学院必修科：政治经济学。这些是已经教育部公布。我们认为此类基础课程除一二年级已由教育部规定之外，每年都应当有一门，所以拟定三年级学习"马列主义名著选读"，四年级学习"政策与法令"为社会科学各系必修科。这四门课程构成一个系统。这个系统是系际甚至是院际的综合的组织，应当依大课的经验予以统筹。

对于一个社会科学的学生，以上四门课程并不足够建立他们所需马列主义理论基础的。所以我们认为社会学系应当和其他社会科学学系合作，另开一个系统更为深入的马列主义课程。例如社会发展分段史，每阶段为一门课程；又如社会经济结构、政治形态（国家、阶级、家族）、意识形态，都应该有专门的课程。

乙、文化工具课程 我们认为一个要对任何专业起创造及提高作用的人必须掌握相当文化工具，以社会工作说，包括本国语文表达能力，外国语文阅读能力，统计知识及技术，社会调查研究方法，及中外历史。

语文能力原应在中学里养成的，但是以目前情况说，这方面的缺陷很多，粗通本国语文的已经不是多数，有足够外国文学阅读能力的更属少数，这是当前大学教育中的重大问题。我们的意见是，本国语文的表达能力无论如何是必需的。外国语文如何决定尚待研究。原则上，我们认为能阅读一种外国文字是极有用的，但是如果程度太差，即使继续二年学习还是不能得到此项能力的，是否还要费此时间，颇属问题。如果中学里英文根本没有学好，到大学里还要重新学起，则不如开始俄文学习。如果英文程度稍差，加工一年到二年即能初步运用自如，则宜继续英文。如果英文已经通顺，还有时间，可以兼学俄文或其他第二外国语。

统计、调查研究方法、历史知识是社会科学必须的工具知识，所以也是必要的。

丙、业务课程 业务课程也可以分为两层，一是一般性的准备课程，一是重点性的专业课程。例如准备把城市工作当作专业的学生，必需对一般性的课程如工业化问题、资本问题以及俄国资本主义发展史等先有了解才能进而学习专业性的课程如保险、户籍、合作、救济等。

业务课程的发展应当根据政府的建设计划，将来的社会科学院可以有计划的在某一时期发展某一项重点，在目前，社会学系就可以选择若干重点作为准备，选择重点时照顾到现有各社会科学学系所缺的。暂时拟就城乡社会及民族问题方面发展。

这三类课程分量应当怎样分配呢？我们的意见可以综合在下面的图里表示出来：

每个学生每学期修业以17学分计算，约修6门课程，每门3学分，有一门2学分。四年级一共约132余学分（132学分为历来通行的毕业标准），共约修48门课程（全课程约二十余门）。上图中以一门学期课程为一单位，也是一格。依四年各上下两学期加以排列。

马列主义基本课程　　　　　8门 ⎱ 理论课程占20门
马列主义分论及其他选课　12门 ⎰

文化工具课程　　　　　　12门

业务普通课程　　　　　　8门 ⎱ 业务课程占16门
业务重点课程　　　　　　8门 ⎰

凡是中外语文不必续修的学生可以有6门课程作选修，他可以在理论学习加工，也可以多学一个业务

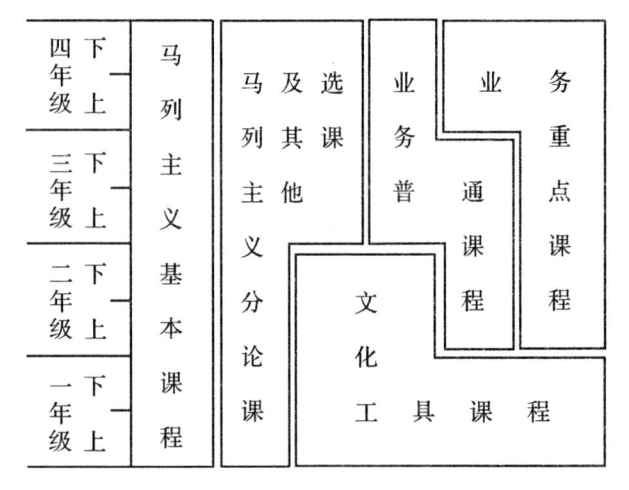

每格为一门课程三学分计算

重点。

以上的分配原则并不一定限于社会学系,依我们看来可以作为将来社会科学院的张本。现有各系合并后在加强马列主义理论基础,及文化工具这两方面是相同的,因之可以,也应当,统一计划的。分别发展的重点课程约 16 门到 22 门。中等教育提高了可以增加到 25 门,约占全部课程的一半。

我们提出这个社会学系改造的初步方案是希望能作对文法学院各系课程改革进一步讨论时的参考。其中有很多地方是考虑得没有成熟,希望读者予以指教。

(三月七日于清华园胜因院)

医疗互助的意义和经验总结

这是一篇关于清华大学教授联谊会试办医疗互助制度的报道。我写这篇报道的目的是在供给其他大学以及其他公务机关或团体的参考,因为我觉得这个制度是值得推广和发展的。从我们的经验里证明了这个制度曾解决了同人中许多切身福利问题之一,虽则我们也觉到有许多地方还得改进。在这里把这段经验写下来,也可以藉此引起关心这问题的朋友们对我们的批评和商榷。

清华大学教授联谊会试办这个医疗互助制度是解放以后的事,从1949年4月份起才开始,到现在还不过四个月。但是我们如果推溯这制度的来源却有较长的历史,因为清华大学的学生会在前年(1947年)秋季已经开始试办急病公助制度,经过了二年的实行,得到了极好的成绩，虽则现在因情况的改变已经停止。教授们向学生学习了这个经验成了自己的福利事业之一。因之要说明医疗互助制度，还得讲一讲学生会的急病公助。

急病公助是答复学生们自身的急切需要而发生的。抗战胜利后很多学生从后方回到北京，他们的经济情况是很苦的。家庭的供给大多已经断绝。另一方面因为在发育期间遇到了抗战那一段艰苦的生活，营养不足；又加上北方的粗粮和严冬，所以疾病很多，其中还有急性的病症，最普通的是急腹病，包括急性阑尾炎，就是普通所谓盲肠炎。依赖公费生活的学生，普通的疾病还可以靠不收费的校医室得到医疗，但是犯了急病，校医室没有适当的设备，他们就危险了。到北京的医院里去开刀割治必须有一笔相当大的款，大多数学生是没有的，可是这种急病又不能拖延。每次发生了这类事，同学们总得临时张罗。有一次一个患急性盲肠炎的学生因为没有钱，在城里从一个医院退到另一个医院，没有地方收他，同伴的学生四处奔走，告贷无门，差一些把命送了。这件事使大家感到切身的威胁。谁都有犯病的危险，谁都可能因没有钱，借不到钱，而送终性命。固然，学校当局在这方面总是竭力照顾的，但是学校经费也有限，而且手续繁，又有假期，负责人一时找不到，都可以使急病变成绝症。清华的校医是极负责的，但是设备不够，严重的割治不能负担。虽则在万不得已时也曾为学生割过盲肠。这些都不是安全的办法。

当然发生这种现象的基本原因是在医疗的商业性。一个没有钱的人犯了急病就该死，那是不合理的。但是社会主义的社会还没有到，由社会来负担病人医疗的费用这个原则还没有实现。我们不能等到公医制度成立后才生病，我们也不能在争取社会主义公医制度外不再想临时的过渡办法，社会主义公医制度是最后解决医疗问题的办法，可以完全达到"无虞疾病"的目的，但是要实现这个目的还需要很多条件，这些条件还待创造。在社会主义公医制度实现之前，向着这目标迈进一步，在现有社会条件中就可以办到的是什么呢？学生们的答复是靠集体的力量对患急病的同学予以公助。

急病公助的原则是很简单的：全体学生每人每月拿出一定数目的钱集合起来（最初是500元，后来因通货不稳定改为四两面粉，解放后又改为半斤小米），用以支付那些患急病的同学所需的医疗费用。这可以说是最简单的社会保险，把个人的灾难由集体共同负担。每次急病的医疗最低的费用在500斤小米左右，如果要患病的学生个别负担，就得等于他半年的公费或人民助学金。一个需要助学金的学生决不可能拿半年的收入来医疗他的急病，但是这500斤小米一分到500人身上，每人只需要出一斤小米，等于他每月公费的百分之一强。（学生所规定每月小米的数目事实上是低了一些，因为清华大学学生在2400人以上时，所收入的急病公助金可以支付二个半的急病费用，后来有大量学生离校服务，降到2000人时，只能支付二个急病费用，而实际上患急病的每个月平均有三人。）一个人在收入中取出百分之一的数目是轻而易举的，并不是灾难，因之，我们可以说这种办法的基本意义是以集体的力量来消灭个人的灾难。

这种社会保险在形式上是很简单的，但却包含着较深刻的认识。先得摸出急病的性质，发生的频数，把它看成一个必然会发生的现象，然后才能去否定它。这是辩证唯物论的实践。所谓急病的"急"字在个人说含有突然发生难于预料的意义，所以也可称之为偶然事件。事实上，譬如说，每一个人都有盲肠，都有患盲肠炎的可能，但是却不一定犯这病，什么时候犯也不一定。在个人观点上说是难以预料的。如果我们把许多不一定患盲肠炎的个人放在一起，看成一个集体，性质立刻不同。在目前情况中2500个学生每个月平均总是有三人要患急病的。人数愈多，平均患病的数目也愈正确。于是这种病症成了可以预料，而且预料得可以相当正确的现象了。那就可以说是经常的现象了。凡是经常的现象就容易应付。这个例子说明了怎样以集体来否定个人。个人偶然性的急病被集体所否定，在本质上变成了经常的可以控制和应付的现象了。

为什么一旦把偶然事件变成了经常现象容易控制和应付呢？就拿这个例子来说罢。以往学生患了急病，都得临时找医院，临时想法筹款。参与其事的是患病者亲近的朋友，他们没有经验，医院方面对他们没有信用。因之，乱了一阵，有的走投无路，耽误病人，有的事倍功半。现在知道了一个团体中每个月一定有若干人会患急病，预先就可以和医院订好合同，甚至留着床位。经费上早就收好款等着用。办事上有了一定的手续和负责人，应付"急病"有如例行公事，在最短的时间可以把患病的学生稳妥的送进医院。在医院方面预先知道这类病人决不会付不出款，要割治的立刻可以动手术。急病不成其为"急"病，也不会引起病人和病人的亲友焦急和忧虑了。

急病公助是以集体合作的力量否定了急病的危险性。人类的科学知识已经发达能使许多像盲肠炎、肺炎等一类以往会致命的病症成为并不难于治疗的病症了。以清华的经验说，一年半中四十六个患急病的病人只有一个没有治好。如果能及时得到疗治，急病的危险性就可以被否定了。否定急病危险性根本上固然是科学知识的发达，但是在事实上科学知识一定要通过社会结构才能实用到每个人身上。急病公助是一个社会制度，它取消了个别负责的原则，而采用了集体责任。个别负责就是说一个人患病得用他自己的钱来请医生、买药，这是个人主义的做法。个人主义的社会把大多数的人民和科学隔开了。人类已有疗治盲肠炎的知识，而这种知识却不能用在人民身上去为他们疗治。集体主义把这个铁幕揭开。在这急病公助制度中每一个清华的学生在必要时都可以得到这种科学知识的恩惠。他们的生命得到了这一层保障，实现了社会保险的基本原则。

要实行急病公助那一类的社会保险制度需要一定的客观条件，这些条件不具备，这些制度是做不通的。第一是要搞通思想。我因为参加了推动这个制度的工作，所以有机会观察到这个过程。刚刚提出这个急病公助的方案时，有若干学生觉得自己身体好好的，不会生急病，每个月要拿出五百元出来觉得是白费。如果要帮助人，还是以个人名义，藉以卖个人情。有已经把盲肠割掉了的学生认为自己患急病的机会少，可以不必加入这公助。还有自己家里有钱的认为必要时自己可以疗治，不必先花这笔钱，如果不患急病不就是可以省下每月的公助金了么？这类思想是个人主义的，而且是不科学的，因为以往没有患过急病并不保证以后也不患急病。他们心存侥幸，只想自己不碰着危险，不去克服这种危险，消灭这种危险，那是自私的心理。这些思想如果不加以消除，社会保险的事业是搞不起来的。学生会为此曾公开的宣传和讨论，还请教授们演讲社会保险的意义。最后才说服了群众，由学生会通过这个制度。

还应当注意的是经济的条件。一切社会制度一定要配合于当时的经济基础。学生们能不能靠自己力量负担所需的费用，以集体合作的方式来克服疾病这件事呢？我们曾研究过如果像清华园这一个社区，一共有人口6000名（学生、员工及家属都在内），维持一个医院，使每个人有病时能得到疗治，每个人每月应分担多少小米的问题，计算的结果是小米4斤。清华校医室曾给我一个估计，我抄在下面可以作为参考：

员工薪金：

  医师5人，每人平均800斤小米共4000斤小米

  护士8人，每人平均500斤小米共4000斤小米

  工友6人，每人平均200斤小米共1200斤小米

  共计每月9200斤小米

药品　　　　　　　　　　每月9000斤小米

设备添置　　　　　　　　每月1000斤小米

急病（送较大医院医治）　每月5000斤小米

  总需24200斤小米

  6000人计算每人约需4斤小米

学生的收入以现在人民公助金作标准平均每月75斤，支出4斤合收入的5%。再看中国一般生活程度中医药所占的百分比：北京教员是1.8%，加上卫生是3.2%；上海工人是0.8%，加上卫生是2.2%。学生的情形比较特殊，房租，燃料都是公家供给的。用5%的收入来作医疗之用应当是可以担负的。但是因为以往校医设备都是公家供给，所以并不需要学生自己出钱。只有本校医院所不能疗治的急病和重症才需要到其他医院去疗治，这笔费用才需要个人负责。

以上的计算表示学生在经济上是有能力负担全部医疗费用的，如果只负担急病一项应当更不成问题。我在上面已提到单就学生2000人计算平均每月急病三个，估计共需小米1500斤，每人分担0.75斤。这数目可以说很小的，但是在初办时期，学生会为了当时学生对于集体负责的精神还没养成，防止有不患急病的人想利用这机会去割盲肠等事，所以对于急病学生还是采取了补助性质，所以规定了公助金只负担全部医疗费用的50%，其余由学校津贴10%，病人自己负担40%。这个规定之下，每个学生每月付出相当于4两面粉价值的公助金已经足够应付学生中所有的急病了。这个规定不久就被实际情况所修改了，因为清寒学生无力负担上述的数目，他们还得申请学校补助，结果是学生只负担医院里的伙食费，其余由公助金和学校当局补足。

这里已牵涉到了第三个重要的条件，就是行政上实事求是和认真负责的精神。我们说每个月在2000个学生中平均有三个人患急病这个规律是限于的确是"急病"而言的。每一个人都有盲肠，很多人有慢性的盲肠炎，以及其他并不急切需要动手术的病症，这里需要个负责的医生能在诊断里分出急病和普通病症。这不单是医学上的知识，而且需要不讲情面。这一点在封建主义相当强的社会里是做不到的。亲戚、朋友，或是私交较密的就可以左右医生的诊断，把不必需动手术的病症列入急病中，让他占一下公家的便宜。所以，负责急病公助的医生一定得在思想上有准备，不但了解社会保险的意义，而且要对集体合作有坚定的认识。我曾经和另外一个大学讨论过这问题，最后还是因为不容易找到一个可以信托的医生而作罢。事情是很明白的，如果一个医生不认真，一个月多批准了几个不必予以公助的病人，公助金就会不够，同时一旦群众对此有一点怀疑，这个制度立刻会垮台。建筑在群众上的制度是绝不能容许丝毫的弊端的，清华学生会所以能建立这个制度，一方面是因为有比较健全的群众组织，另一方面也因为有比较进步的校医。

至于急病公助的具体办法是很简单的。凡是有学生患了急病，由校医诊断后，立刻可以把病人送到约定的医院里。因为那些医院已经急病公助委员会约定，凡是由校医签字的病人，一切费用都由急病公助委员会保证的，所以入院的手续可以尽量简化。另一方面，校医把病人的姓名和病症诊断书送交委员会。这个委员会是由学生会、学校行政当局，和校医共同组织成的。委员会有经常的干事到医院去照顾患病同学。医院的账单直接交校方审核付款。公助金由校方每月在公费中扣除，而且代为保管。

这个制度从1947年秋季开始。我查得的记录是从1948年2月份起到本年5月急病公助结束止（下表）。

急腹症包括急性阑尾炎（即盲肠炎），其他一项中包括骨折、肺炎、尿管结石、中毒、肾炎、疝气、肠阻梗、尿血、痔疮流血、腹膜炎等。在学生中是以急性阑尾炎为最多，超过总数一半以上。这个统计是值得给其他机关在采用这种制度时的参考。学生的年龄大体在19岁到25岁这一段，生活比较有规律，所以病症种类比数较少。还有一点应当说明的是学校有假期，在假期中人数较少，八月、九月的患病人数因之较少。在学期靠近结束时患病的人比较多。当然，我们现有的统计材料很不够证明这是常态。但是每个月平均三人是符合于校医多年的经验，可靠性比较强。

时期		患病人数		
年	月	急腹症	其他	总数
48	2	3	—	3
	3	2	—	2
	4	3	2	5
	5	2	1	3
	6	2	2	4
	7	6	—	6
	8	—	—	—
	9	—	2	2
	10	1	—	1
	11	2	4	6
	12	—	2	2
49	1	—	3	3
	2	1	2	3
	3	1	1	2
	4	1	1	2
	5	3	1	4
总数		27	21	48
平均每月三人				

学生的急公助在今年6月停止了，因为人民政府另外规定了学生疾病的补助办法，这种由学生自己来解决急病疗治的制度已经没有需要了。但是这两年的经验却

成了教授同人们建立医疗互助制度的基础。

在解放之前，教授同人们并没有向学生们学习，原因是在缺乏集体的群众基础和经济上并不十分需要这种互助的办法。教授同人们的生活和学生不同，各人住在家庭里，对于集体生活很不熟悉，因之，生活上各种问题不从集体观点上去求解决。他们的收入较多，而且社会关系也较多，如果遇到急病，个人的经济力量可以应付，即使力量不够，也可以向学校或朋友亲戚借贷，不致于因没有钱而把病耽误，甚至送掉性命的。生活上没有感觉到需要的时候，一切新的设施很难乐于试验的。我为了这事曾多次和同人们商量过，虽则原则上没有人反对，但是总有各种理由觉得还要从长计议。最普通的反应是说教职员及他们的家属构成分子比学生复杂：年龄、性别、康健程度，都不相同，如果采取像学生一般的办法，认为不切实际。这些考虑固然也有理由，但是出发点还是在计较个人利害，换一句话说，是个人主义太强。每个月只有几斤小米的事，在娱乐和嗜好上，稍稍节约一些就可省出来的数目，一遇到集体互助时却成了计较的对象了。解放之后，在思想上开始转变了。在我们提出向学生学习建立医疗互助制度时，以往的阻力突然不见了。这又是一个很好例子可以证明思想观点的改造是建立新制度的必要条件。

把这个制度应用到教授同人中，忽略了新情况的复杂性是会做不通的。第一是家属的问题。家属的医疗费用还是压在家长的肩上，如果不包括在互助办法里，还是不能解决同人所遇到因急病而发生的困难，所以原则上是应当照顾到家属的。不但如此，同人中有雇有佣工的，佣工们是否也应当包括在内呢？在事实上，佣工们更有急病保险的需要。但是他们收入少，负担不起互助金，而且觉悟性较低，一时不易说服他们，所以最后规定了由雇主负担互助金的办法。

因为这个集团结构的复杂，对于互助金的数目不容易规定。这个集团中，有老年的人也有刚出生的婴孩，而大多数是在生育期，妇女的怀孕和生产，都可以增加急病的频数。主要的是我们缺乏经验，没有可靠的统计作预测的基础。

教授同人及其家属比了学生人数少。人数少，偶然性就强，因之要实行集体保险也困难。我们可以预测学生中每月有急病三人，那是因为学生的数目在2000以上。数目愈大，统计愈准确，愈容易把个别的偶然事件化成集体的经常现象。教授本人只有一百二三十人，连同家属、佣工等还不到500人。

再进一步还得考虑到同人中不同的习惯，有些人不愿意住普通的病房，而且因为可能犯的病症不会像学生们一般的单纯，种类复杂，也影响到疗治时的费用可能要增加。如果我们提高了互助金额，在同人的负担上是否合理？有的同人家里人口多，如果每人的互助金额定得一律，可以累积成相当大的数目，使这一部分不愿参加。

考虑到以上种种因素，我们在试办时期，互助金额的规定只能从收入的百分比中求得一个比较合理的数目，然后在经验中去修改。我们参考了各种生活费的分析，决定以不超过收入1%为原则。一个普通一夫一妻两个孩子的小家庭以10斤左右为标准。一个教授平均收入是1000斤小米。所以我们最后通过了纳费金额是：一、本人，小米5斤；二、配偶父母子女，每人小米2斤；三、其他亲属或佣工，小米5斤。这个规定在试办的四个月中显得太高了一些。补救的办法是如果在可能时可以停止缴费一个时期。

为了考虑到这个集团中可能发生的急病种类复杂，可以在章程中用列举的方法加以规定，虽则还留着一个弹性的规定给医生去引用。

还有一点我们想借这个互助的办法，用集体的力量鼓励疾病的预防。所以凡是可以预防的疾病像伤寒、白喉、霍乱等仅限于已注射预防针之病者。

详细的办法见本文附录。

最后值得提到的是，这办法一经实施，同人中就发生了急病，藉此解决了问题，所以在实际的经验中证明了这种集体主义是保障个人福利最可靠的办法。当然，我在本文开端时已经说明，这种医疗互助办法还不是社会主义的，这是过渡期的设施，因为这办法承认个别的经济责任，每人按期交纳互助金，并不是由社会直接来负担各分子的需要。这办法所根据的是合作原理。如果我们要给它一种名称，实在可说是福利合作制度。原则上和生产合作、消费合作等是相同的。这种福利合作可以适用于新民主主义的阶段，因为这办法一方面可以使人认识和熟习集体主义，另一方面是为社会主义的公医制度立下基础。

在清华大学里现在还只有教授联谊会实行了这医疗互助制度，但是全校性的生活福利委员会已在考虑把这制度推行到全校的员工。把生活方式、健康程度、疾病频数不同的阶层结合在一个统一的保险里，办法的内容还得加以修正。所以我们正在吸收教授联谊会的经验来作修正的根据。

（一九四九年八月十八日）

[附录] 清华大学医疗互助办法

一、所有本校教授副教授本人及其在京之父母配偶及未婚子女均须加入（其已加入其他疾病公助会者得勿庸参加），其在校之其他同居亲属或佣工得自由志愿加入，惟每次加入以六个月为一期，中途不得退出。

二、受惠者所患疾病限于下列各种：
（1）难产，（2）急性盲肠炎，（3）肠胃穿孔，（4）肠阻塞，（5）大量出血，（6）骨折，（7）中风，（8）昏迷，（9）肺炎，（10）急性中毒，（11）伤寒，（12）白喉，（13）霍乱，（14）脑膜炎，（15）其他特殊严重急性病症经本校主任医师认为必须入城住院治疗者

以上（11）（12）（13）三种仅限于已注射预防针之患者。

三、津贴费包括协和或北大或中和医院住院期间之住院费、手术费、诊断检验费、药费。住二等津贴上列费用三分之一，住三等津贴上列费用之全部。

以上住院日数每人每年累积总合不得超过三

十日。

四、纳费：每人每月缴纳一次：

 （1）本人：与小米五斤等值之人民币

 （2）配偶父母子女：与小米两斤等值之人民币

 （3）其他亲属或佣工：与小米五斤等值之人民币

五、由教授联谊会组织医疗互助管理委员会负管理之责，本校主任医师为该会当然委员。

六、试办半年，互助费可按实际情形另予调整。

七、自由加入者须得医疗互助管理委员会之允许并须于加入一个月后始得享受津贴之权利（于初办时即行加入者不受上列之限制）。

节约定期折实储蓄的意义

"节约定期折实储蓄"是清华大学教职员联合会所推行的工作之一。这种储蓄的办法是很简单的，但是它的意义却并不简单，因为我们并不只把他看成一个节约运动而已，而且是一种人民自动推行的国家公债，再进一步而且是一种社会保险制度的萌芽。因之，我愿意继续"医疗互助"再为读者报道这件事。报道的目的，和上一次一般，希望其他性质相同的机关和团体，能根据自身所处的具体情况，采用和推行这类制度。清华大学自从解放以来，靠了解放出来的群众积极性，已经创造若干有关同人福利合作的新制度。这些制度不是纸上的空谈，而是经过同人反复商讨、修改和实行的，所以值得报道出来贡献给读者作参考。

节约定期折实储蓄是清华大学教职联同人响应政府节约运动的具体行动。在讨论怎样展开节约运动的时候，很多同人提出了一个意见，就是节约应当是长期性的，如果把它当作一个突击性的运动看就会失去意义。先从个人方面说，节约应当是一个习惯。爱惜物资，充分利用一切设备来做更多事，生活上求朴实，社会关系上注重互助，消灭爱面子的虚伪往来，不摆阔，实事求是做人是一种作风。这作风应当逐渐培养而长期维持的。再从客观的环境说，这次节约运动固然是为了今年的天灾，为了减轻人民的负担，所以大家应当节衣缩食，共维时艰；但是如果农业丰收了是不是就不需要节约了呢？显然这是需要的。现在我们大家是做了主人了，我们中国经济的落后，不用说，大家是最明白不过的。当主人的就得打算一下怎样能赶快把国家建设起来。建设不是空谈，是要造工厂，筑铁路，件件都是要实实在在做出来的。谁也变不出戏法，每一块砖、一架机器，都要我们自己从劳动里累积起来。这一笔本钱就得当主人的省出来；往远里看，中国是必然会繁荣和富强的，但是要达到这远境，就得在眼前节省。在这几十年里只有吃苦做苦，需要朴实耐劳，埋头苦干。所以节约运动决不能是短期的，应当是十年二十年的事。

这种看法是正确的，但是问题是在：怎样能长期的节约呢？有一部分同人的答复是自动减薪。在精简节约大会上当场就有一位教授用小条子提交主席，宣布自动要求减薪。理由是现在的政府是人民自己的，而且是以建设为主要任务的。今后的建设应当以国营为基础，国库里在公务员的薪金支出下少出一文，就等于在建设费用上多出一文。要求减薪就等于增加国家的建设资本。这个理由也是正确的。事实上，现在政府里工作的干部已经在实行这个办法。供给制度下，干部的生活是以最低生活需要估计的。他们工作所值决不止他们生活上所消费的，所以他们是在节约，通过国库，把他们节省下来的变成了国家建设的资本了。

但是这办法是否可以普遍的应用于一般向国库支钱的机关，更具体一点说，是否可以应用到大学里来呢？这是一个事实问题。如果全体人员都能像那位教授一般自动的要求减薪，那当然是好的；如果这种人不多，那就没有太大的效果了，而且不愿意自动减薪的人并不是一定不愿节约的。他们的思想还没有搞通：减薪就是增加国家的建设费。他们愿意省吃俭用，可是节省下来的还是愿意属于自己的，能由自己来支配的。还有人想到自己虽则平时的生活可以节省，但是遇到了疾病、失业，假如没有一点储蓄，到那时去依靠谁呢？还有人为儿女教育打算的，甚至有怕自己不幸而死了，家眷怎样生活等等考虑。这种种想法在社会主义社会出现以前是合理的。私有财产制之下，加上了没有社会保险制度，不能希望每个人都能要求自动减薪的，甚至可以说大多数人是不会这样做的。在这种情况中，用自动减薪的办法来达到长期节约的目的就不切实际了。

也有人认为政府可以用权力来这样做，这想法是不对的，不合于人民政府的政策的。在大学里实行民主评薪时，这问题已经提出过。依新的标准，教授的薪给比解放前提高了。在国民党统治下，脑力劳动者曾经受到很严重的剥削，人民自己做了主人，剥削制度必须取消。如果不论做什么工作，报酬大体上相同的话，就犯了平均主义的错误了。而且如果思想上还没有搞通，不能自动节约的时候，由政府用命令来推行，结果会减低工作的积极性，甚至影响这一部分人民对政府的爱护。这次节约救灾，政府一再严格申令必须依自愿原则，务必消除变相摊派的意味。这是完全正确的。群众觉悟程度是必须注意的客观条件。

要结合减少国库对行政费的支出和公务员自愿节约的原则，有人想到了请求政府发行节约建设公债。节约建设公债可以使政府得到一笔在定期内可以支配的资金去从事建设，再以建设事业的利息来归回人民。购买公债可以采用自愿原则。这个建议是应当由政府全盘考虑的，而且由政府发行公债还是自上而下的办法，站在群众立场是否可以推行自下而上，完全由人民自动来完成的办法，而收到和政府发行公债同样的效果？在这个命题之下，我们提出了这个节约定期折实储蓄办法来了。

节约定期折实储蓄的基础是现在人民银行已有的零存整付的储蓄办法。在这基础上加上几个新的条件：一是集体约束，二是定期定额。加上了这两个条件，这种储蓄和普通零存整付的储蓄性质上有了提高作用。第一，个别的储蓄大多是为了个人的目的，这原是很好的事，但是个人的目的对于自己的行为约束力不强，并不会发生一种责任感，觉得这件事的意义是在为国家建设累积资本。在集体的发动里，这层意义才容易搞得明确。参加的人不但相互间有着竞赛的意味，而且因为是集体的有组织的活动，所以受到相互的约束，不会因一时冲动，作了决定，五分钟热度一过，事情也就虎头蛇尾地结束了。我们要使节约运动能持久，这是个很有效的办法。

第二，这种储蓄是有集体保证定期定额的。譬如在清华，只要个人认定了，每月发薪时，出纳组已经替他扣除了交给了人民银行。在个人说，这只是一种方便，但是对银行说，这是很重要的，因为事先就可以作有计划的投资。这个制度如果普遍推行，每个人零星的储款，汇成巨额，定期定额的计划性必然更为重要。到这个时候，我们所说"人民自动推行的公债"的性质才表现得清楚。现在我们的人民银行是国家的银行，所以人民银行所收到的存款就可以直接按国家建设计划去投资。在这个意义上说，这种储蓄可以收到政府发行公债相等的效果。

这种储蓄用折实的办法进行是因为经过了长期通货膨胀经验的人对于储蓄已经丧失了信心。如果要恢复储蓄的习惯必须要保证不会受通货膨胀的影响，折实储蓄的意义原来就是在此。我们如果要希望上述的制度能普遍推广，也必须考虑到这个情况。这种储蓄的本身是抵制通货膨胀的一种手段。如果这制度普遍推行了，总额相当大的时候，政府就可以用以减少发行额，用以稳定货币价值。

现在我们可以讨论一下存款的时期问题了。这种储蓄并不是捐款，经过一定时期银行要归回本利给存户的。所以有人提出如果在一个时候，银行把存款归回，不是等于累积了市场购买力到一个时候一起抛出来么？富于通货膨胀经验的人对此不免有顾虑。这个问题讨论起来比较复杂，因为如果这笔储蓄是用在建设事业上，把购买力有计划的放回市场，不但无害，而且可以有益的。何况已经从零星小数目累积成了一个比较大的数目，很可能不再回到消费品市场上，而重新吸收在生产事业里。这种简单的说法已指出，这种储蓄的时期问题并不应当凭空讨论，而必须配合在建设计划里处理的。但是以目前而论，生产力没有恢复，储蓄时期比较上说是愈长愈好。另一方面看，在试验这制度时，要容易被一般人民所接受，在开始时不宜把储蓄时期拉得太长，因为如果行之有效，得到了人民的信用，再加上在思想上加以领导，尽可以在到期后加以延长。因之，在清华初次试行时，经过反复讨论，决定暂以一年为期。

储蓄时期拉得长，对于政府做建设计划时是有利的，因为时间长了就可以投资在基本工业里，基本工业需要较长的时期才能长成，才能负担本利的归回。但是储蓄时期拉得长了，对于存户也有不方便的地方。现在公务人员的收入一般说都是很低的，日常的生活可以加以节约，但是一碰到婚丧疾病，就无法筹措了。如果平日节约下来的储蓄不能在必要时动用，存户的心理上是不易接受的。也因之，在认定储额时也有了顾虑，不易踊跃。为了要克服这个困难，我们经过多次研究，规定了一个条款，存户如果发生重大事故，经组织上的证明可以提前支取，或是以储折质押贷款。银行方面因为有存户的组织保证，不会发生存户随意提款的事，所以不会受到损害，而且如果存户人数多了，个人的偶然事件会变成集体的必然事件，事前可以打算在计划之内，所以不会影响计划本身了。

从上边的说明看来，这种储蓄办法是公私两利的，更说得正确一些，公私双方通过这个制度可以比各个人依现有零存整付的储蓄收到更大的利益。主要是在依这个制度，储蓄可以普遍推广，包括的人数可以多，全国的总储蓄额可以提高；又因为有定期有定额，所以计划性可以大大的提高，因之，可以更有计划的利用来作长期性的国家建设。

再进一步，这是和"医疗互助"性质类似的福利合作事业，它是社会保险制度的萌芽。现在的公务员已经深深的感觉到年老和死亡的威胁。经了十多年的艰苦和不稳定的生活，大多数公务员已到了"离开薪水就是冻饿"的程度。解放后政府曾要力求人事精简，但是被裁汰的人员立刻发生生活问题，还得政府负责设法安插，为政府添上了许多工作。这现象说明了公务员困苦的情况。政府固然可以暂时保证公务员的工作机会，但是人是要老的，而且又不免于要死的。年老不能工作时，怎么办？如果不幸死了，一家老小又怎么办呢？这些问题，每一个到了中年的公务员都是放不下心的。在没有发展到社会主义的社会里，这些问题还得由自己来解决，但是个别地自己来解决是困难的，在新民主主义时代就可以以集体力量来帮助个人解决这种困难了,"医疗互助"就是一个例子。我们应当可以用相同的原则来解决退休和赡养的问题。集体节约储蓄是向这方向发展的第一步。

现有的办法,并没有正面解决退休和赡养的保险问题。当然,如果个人有了相当的储蓄,退休和赡养的困难可以减轻一些。我们所想的还要进一步。如果这个储蓄制度能普遍的建立起来,就可以在利息中提出一部分来作为退休和人寿保险之用。办法是这样:每个公务员的储蓄中规定一个数目是要在退休或死亡时提取的,提取的数目并不根据其本人的存款数,而根据退休时的生活需要或死亡后家属赡养的需要而规定。如果本人存款不足此数,不足之额由集体负担。更具体地说,参加集体节约折实储蓄的会员,每月有一个或一个以上折实单位列入保险费内,这笔储款和其余部分分开。其余部分经过一定期就可以提取。而这一部分却不然,成为共同的保险基金。任何会员一旦退休或死亡,就依规定按月支取退休金及赡养金,到一定时期才停止。关于这种福利合作的办法,我们现在还没有详细制定,因为条件还不够。要实行这办法,在人数上必须相当的多,像清华一样的机关单独是办不到的。而且举办这种事业的机关必须是有长期性的组织。在我们看来,这是将来的教育工作者工会应当考虑的事。我们愿意先试办集体的节约折实储蓄，经过了一个时期，吸取了经验，再谋提高。群众方面也得慢慢在实际经验中认识了福利合作的意义，才能逐步兴办其他的社会保险事业。

（一九四九年十一月十三日于清华园胜因院）

［附录］清华大学教职联节约定期折实储蓄办法

一、本校教职员均得依自愿原则加入节约定期折实储蓄。

二、储蓄方式按照人民银行折实定期零存整付章程办理。

三、储蓄期限自一九四九年十一月起至一九五〇年六月底止。

四、储蓄数额按折实单位计算，参加者得按个人经济情况认定储蓄单位数额，但认定之后须每月保持该数额不得变更，有多余能力者可在人民银行另立存折储蓄。

五、每月存款日期规定于每月上半月发薪取款时由人民银行按当日牌价扣除存储。

六、此项存款未到期前不能提取，如有结婚生育

（限本人或本人配偶）、丧疾病（以由本人负担其经济的亲属为限，疾病证明需由本校校医室书具，其不在清华园居住者可由就诊之医院负责医生证明）或因公调职离校等情，由本会根据各生产单位首席代表之证明，审查后由当事人向人民银行照章提前支取，或按照折实储蓄单折质押贷款办法申请贷款。

七、全部存折为简便计，由教职联委托人民银行代为保管，存折号码由本会公布，一遇有疑问时可根据号码向人民银行查询。

我们的大课

人民的国家是保护人民的。有了人民的国家，人民才有可能在全国范围内和全体规模上，用民主的方法，教育自己和改造自己，使自己脱离内外反动派的影响（这个影响现在还是很大的，并将在长期内存在着，不能很快地消灭），改造自己从旧社会得来的坏习惯和坏思想，不使自己走入反动派指引的错误路上去，并继续前进，向着社会主义和共产主义社会前进。

——《论人民民主专政》

一

我们大学里的政治课，普通称为大课，就是教员和学生共同参加，互助相长，来改造自己的教育工作。普通称它作大课，因为这是全校学生、一部分教员以及职员工友一起上的课程。其实这只是全国范围内和全体规模上在进行着改造教育的一部分。我们每一个人都是从旧社会里生长大的，旧社会里封建的、官僚的、买办的势力多多少少影响我们，养成了我们的坏习惯和坏思想。我们不但要在社会制度上打倒和消灭封建、官僚和帝国主义，而且还得在我们自己的思想和习惯上根除它，如果留着祸根，这些习惯和思想每一分钟、每一秒钟都在长出封建、官僚和买办的社会制度来。不但如此，我们的前途是社会主义和共产主义的社会。要达到这目的地，我们也得每一分钟、每一秒钟，为它创设条件：不但要在扩大生产力的基础上尽力，而且要在习惯上和思想上巩固每一分每一寸的收获，并且为更进一步的努力准备主观上的条件，这就是用无产阶级的立场、观点、方法来逐步克服原有非无产阶级的思想，在实践中养成无产阶级的生活习惯。政治教育的任务就在"改造自己"。

政治教育就是思想斗争，无产阶级和非无产阶级思想的斗争。这是一番自我斗争，因为思想是每个人身体里的活动，所以斗争的场合是在身体里的。新的习惯排除旧的习惯，新的思想排除旧的思想，一个新的自己占领了旧的自己的原有堡垒和阵地，所以说"教育自己"、"改造自己"。但是旧的习惯和旧的思想并不是自己生出来的，它们是从旧社会里得来的。新的习惯和新的思想也不是自己生出来的，它们是从新社会里得来的。我们所处的社会是方死方生的社会，旧的已在死去，新的已在生长。社会上新和旧的斗争才引起我们习惯上和思想上新和旧的斗争。政治教育也就是催生和促死的工作，创造条件使每个人在自我斗争中，早一些让新的克服旧的。这些条件中包括着使每个人能有更多的机会和新的接触，加强新的力量，压迫旧的抗拒，巩固新的收获。这些条件是群众性的，就是在每个人"自己"之外的，是需要大家互助的。"教育自己"、"改造自己"不能脱离这些条件，因之，这不是"面壁十年"个人修养所可以为功的，同时也决不能脱离"自觉自愿"而完成的。这种教育必须是一种群众运动，同时也必须是一种"刻苦锻炼"的自学工夫。政治课的性质就是这两者的统一。

二

政治教育在我们大学里已有了很长久的历史，也就是中国革命的全部历史。从五四运动起一直到解放为止，政治教育并没有间断过，而且已有了光辉的成绩。但是那时这种教育却是"非法"的，地下的，受压迫的，因为在这段历史中，统治阶级是反动的，是人民的敌人。人民夺得了政权，建立了人民的国家，我们才能合法的、正规的、大规模的、有系统的进行政治教育。政治教育能成为大课是人民胜利的结果。

大课是有系统、有组织的正规的政治教育课程。在我们大学里去年秋季才开始。那时的高教会规定了"历史唯物主义和辩证唯物主义"为各大学全校共同必修课，而且明确的规定了这一课程的任务是在改造思想。这种性质的课程，虽在老解放区以及解放后专为改造思想培养干部而设立的大学中已经是办有成绩的了，但是在普通正规大学中却是一门新课程，不但内容是新的，教学组织和方法也全是新的。因之，在这课程创设之初，发生了许多问题：

那时大家还是习惯于旧式的教授方法。一门功课必须有一位"专家"来担任，而这位"专家"在皮夹里必须先有了一份准备充分的"讲义",上了堂,滔滔不绝的演讲一番,学生们张开嘴,"知识"就这样填下去。消化是学生自己的责任。最后,出题考试,看看答案合不合讲义,合则及格,不合则重来。在这种形式主义的观点下,问题却多了。谁配来教这门功课呢?我自己就在高教会召集的一次会议上提出了师资问题。我们这些初解放的大学原有的教员中实在很难找出这类的"专家"来。我们很明白,如果一位自己还没改造好的教师上台,免不了要心虚,而学生们也免不了要说:"你还配来教这门功课么?"除非有位富于革命经验,精通马列主义的大师才压得住台。这种想法当时是极普遍的。所以要把大课搞得起来,首先要纠正形式主义教育的观点。

高教会针对着这个思想问题提出了"教学相长,师生互助"的口号,主要的就是贯彻我在上节里所述的大课的性质。改造自己是要自觉自愿,大课,包括教员的指导,只是加强"改造自己"的条件。教员和学生团结起来,互助相长,一道改造。这是一个群众运动,不是"先生讲,学生听"的冷课。

根据了这个指示,大课的形式也不能和其他普通课程相同了。自学为主,讨论为辅,教员的作用是在启发和推动学习。为了要指导自学,高教会成立了一个教学委员会研究出这一门课程的提纲,使学生们的自学有所依据。教员也根据这提纲在每个学习单元开始时作一次启发性的报告。经了一番自学,听了一次启发报告,学生们接触了一套新的思想。这套新思想就会和他们原有的旧思想发生斗争,于是发生了许多问题。这许多问题暴露出了旧思想的性质。为了要引导出"思想问题",加深思想斗争,所以在这阶段上要开好小组讨论会,学生们在小组会里互相刺激,互相启发,互相辩驳。各小组的问题集中起来,由师生组成的研究机构加以分析,找出当时存在于学生中的主导思想问题,也就是发现抗拒某一部分新思想的敌对思想,传达给教员。然后集合了若干小组成为一班,约五六十人,由班教员根据研究结果,引导学生发现敌对思想,予以批判,也就是"解答问题"。从接触新思想起到批判敌对的旧思想止,作为一个单元。然后周而复始,一个单元一个单元的进行。比如学习劳动观点就会碰着剥削观点、知识分子优越感等敌对思想;学习阶级观点就会碰着超阶级思想,中间路线等敌对思想。一个回合,一个回合的进行斗争。每一回合必须捉住具体的敌人——存在着的某种敌对思想——紧紧不放,有的放矢的向它开火。

　　这种教学方法和纯粹传授知识,填鸭式的方法完全不同了。主要的环节是在有组织,有研究,实事求是的方法,也就是应用马列主义来学习马列主义的方法。

三

我们一开始就很顺利的么?不然。一上来就碰着严重的"思想问题"。"大课是思想统制。""我的思想很正确,用不到改造。""我们既是四个阶级联盟,为什么要用无产阶级思想来克服我的小资产阶级思想?""我要用功学业务课,没有时间搞这一套。"——这些问题好像雪片一般打来。不解决这些问题,大课不能好好进行,不免会流于形式:到堂打瞌睡,讨论成漫谈,甚至缺课,不终堂而已作鸟兽散。

这现象是不必畏惧的,合于规律的,也是必然的。为什么这种现象是可以预料到的呢?原因是在政治课原是思想斗争。现在新解放区大学里读书的大多是小资产阶级、民族资产阶级,甚至是地主、官僚、买办的子弟。不论他曾经怎样"进步",他们习惯和思想上必然有着许多非无产阶级的成分。"这个影响现在还是很大的,并将在长期内存在着,不能很快地消灭。"如果我们教育的对象中已经全部是无产阶级的思想者,那就不必要再上大课了。大课的设立就是因为学生中存在着浓厚的非无产阶级的思想。

非无产阶级思想和无产阶级思想是矛盾的,是互相排斥的。所以当无产阶级思想要打进一个人的脑子时，已经盘踞着的非无产阶级思想立刻会发生抗拒作用。打仗而没有敌人是不可想象的，大课而没有抗拒也是不可想象的。因之，大课的进行中没有困难是不可能的。

如果敌人是顽强而占优势，我们进攻的战术当然不能以"大课"的形式。在反动派统治时代大课之所以不能设立的原因在此。现在怎样了呢？形势已经完全改变了。我们已不需要打游击，打地下，而是可以作正面突破阵线的前进了。为什么？那是因为基本上反动势力已经被人民解放军所击溃了。现在我们所要克服的敌人是残余，躲在思想里的残余。无产阶级思想已经可以公开的用事实来证明了，因为它是真理，经得起事实的考验，所以说得服人的，而且客观事实明白宣示只有无产阶级是有前途的。有了这个保证，所以我们是有把握可以进行大课的，大课中的困难没有不能克服的。

怎样克服呢？针对着具体的思想问题，反复的，有耐心的，正面的加以解释和说明。

"大课是思想统制。"这话对不对？不对的。习惯和思想的改造必须是自觉自愿的，因之所用的方法也必须是民主的。什么叫民主的方法呢？那就是说服的方法。每个人都可以充分自由发挥意见，在小组讨论中谁都不应当给人扣帽子，完全要在友爱互助的基础上探求真理。马列主义不需要用权力来压制人家，只有非真理的教条才不能不用强制。反复的辩论和求证，真理自会显明。谁也不能强制谁去接受一种思想。法西斯的思想统制是得不到效果的。但是，这是不是说学生们可以随意缺课呢？那是不应当的。站在教育者的立场是有责任把新思想放到学生的面前。二加二等于四是真理，教员必须把这真理说给学生听的。至于二加二等于四还是等于五是要用事实来证明的，不能硬着要学生信服的。大课是全校学生共同必修课，这只是保证全体学生都能有机会接触到有系统的马列主义思想，并不是用权力来强制学生接受它，而是要启发学生，自求解放。而且如果发现学生们对大课不感兴趣，甚至抗拒，教员们必须反求诸己，去推敲在教育方法上是否犯了错误。大课决不能是自上而下的命令，而必须是群众的自觉运动。改造思想和镇压反动派是完全不同的。改造是为了团结，镇压反动派，不许他们乱说乱动是为了保护人民，给大家创造一个能在民主方式下改造自己的条件。因之，这和思想统制本质上刚刚相反。

"我们的思想很正确，用不到改造。"这是不可能的。我们都是旧社会里生长大的。人的思想是实际生活的反映，所以绝不会在这个曾经长期是半封建半殖民地的社会中发生一个天生是百分之一百无产阶级思想的人。没有一个人能不在改造中踏进新社会的；而且我们的社会一直在发展，不会停留在现有的阶段上。早就指出，新民主主义社会是达到社会主义和共产主义社会的过渡，要实现这顺利的过渡作用，每个人都得"苟日新，日日新"的不断改造。任何一个人，不论他进步到什么程度，只要自满了，故步自封了，明天就成一个落后的人了。新陈代谢是一切生命的必然现象。"用不到改造"只有在生命停止的时候才说得上。

"我们既是四个阶级联盟，为什么要用无产阶级思想来克服我的小资产阶级思想？"朋友，你只记住了半句话，忘了四个阶级联盟是以无产阶级作领导的。为什么要无产阶级领导呢？那是因为旧中国是半封建半殖民地的社会，中国的资产阶级力量单薄，过去三十年的历史已证明他担负不起反帝反封建的革命领导者。他们斗争不过帝国主义、官僚资本和地主；他们倚赖这个反动势力才能喘息生存，所以他们会妥协。只有广大的农民在坚强的工人阶级领导下，才能团结民族资本家和小生产者，完成我们的革命大业。这是客观存在的社会性质所决定的规律。革命胜利了，小资产阶级是不是可以不必改造了呢？不是的。中国社会不能向资本主义的道路上发展，资本主义发展的结果是帝国主义，他要市场，要殖民地，这在二十世纪中叶已经没有这可能。中国要是走上资本主义道路，结果却是殖民地的归宿，日本是一个最好的前例。因之，我们的前途是一个富强、独立的社会主义国家。小资产阶级是向资本主义发展的阶级，他的前途是指向和中国社会的前途相反的一方面。因之，不但在革命中小资产阶级要倚靠无产阶级去打倒他们共同的敌人：封建主义、官僚资本主义和帝国主义；而且在长期的建设过程中要接受无产阶级思想领导，改造自己，一道进入社会主义的社会。

"我要用功学业务课，没有时间搞这一套。"用功学业务课是好的，中国建设是需要我们大家精通业务的。但是如果你没有建立全心全意为人民服务的人生观，你所学得的业务能在新社会中用得上么？用不上的。人民需要你做一项工作而刚刚被你认为"不合兴趣"，怎么办呢？你有你的兴趣，没有和人民的兴趣相符合；你有你的利益，没有和人民的利益打成一片，你会安心"为人民服务"么？不能的话，你所学得的业务有什么用呢？你是不是想"等着高价出售"呢？反动派来收买你，你如果没有"搞通这一套"，能辨别得出是非么？自己的"兴趣"、"利益"能保证你不作反动派的工具么？你想超政治，学一项本领，到处有饭吃，那就埋伏着极大的危机，你很容易"走入反动派指引的错误路上去"了。如果你不愿意这样，用些时间来"搞这一套"

是必要的。这些时间对你一生所起的作用这样大，还能说是浪费吗？

像雪片一般打来的问题必须要耐心的，一个一个的说清楚，那正是大课的工作，也正是大课能顺利进行的必要条件。

"我耐心的讲解，人家不听怎样呢？"教员们、干部们不免会有这问题。是的，如果只靠我们几张嘴，都是没有用的。社会没有矛盾，一张嘴造不出矛盾的。我们要明白大课是整个社会改造中的一环，只是一个战场。社会事实天天在发展，留在旧社会思想阵营里的人是不安心的。他们在动摇，矛盾一天深一天。他们自身思想的矛盾迫着他们张开眼，张开耳朵。他们会在客观革命形势的发展中，觉悟起来，大课只是配合这形势，发生一定的作用，主要的是帮助大家解决思想上的矛盾，指出一条道路。

四

当大课成为群众性的运动时，抗拒现象必然会瓦解的。接下去却是另一个阶段。在这时学生们发现了自己"百病丛生"，失去自信。这是合于思想改造的规律的。当旧思想挡不住新思想，崩溃下来时，兵败如山倒，可能发生一种可称为"待接受的真空地带"。在这地带里蔓延着"人生如梦"的恐慌。比如说小资产阶级浸染着个人主义。他用功读书是为了"向上爬",考试时拼命抢分数,为的是要比人强,在社会上能占上风,得到比别人更好的机会。这思想打垮了,就会发生"为什么还要努力呢"?"干不干,二斤半",顿时会觉得支持着自己努力的柱子断了,"大势所趋,人云亦云",加上了小资产阶级的"明哲保身",从抗拒一变而为消极的顺受,结果丧失了人生的意义,"人生如梦"了。

真空地带的发生是暂时的过渡现象,个别的情况可以有久暂之别,当然甚至可以有极少数就在这阶段里被淘汰了,但是绝对多数,在现在革命情势发展下,是很快可以由新的人生观去占领的。在这个紧要关头,大课的帮助是极重要的。如果大课能实事求是针对具体问题作深入的解答,很可以有效的把新人生观打进这真空地带。

在这个"百病丛生"的感觉下,最容易发生的偏向是两种:一种是"好罢,我进了医院,你们医生们来下药罢"。依赖性的发展可以使干部们感到无法应付。如果干部们以医生的姿态自居,头痛医头,脚痛医脚,忙不开交,而结果是"解决不了问题"的反应。这时应当是加重提出"自求解放"的原则,启发自觉性,放下依赖性。另一种偏向是"病急乱求医",可以"啃大部头书",把《资本论》等书搬出来找答案。那是不成的。没有基础,没有系统的学习,不会有好结果。

就在这个阶段上,大课必须善于引导学生在群众中学习批评与自我批评,联系自己实际生活,应用理论来作分析。批评与自我批评是最好的武器。但是这武器如果不加以审慎的指导,在友爱互助的精神中进行,也可能有偏向的,好像乱扣帽子,打击人,使有进步要求的人反而却步。但是如果比较进步的分子能起带头作用,诚恳老实的自我批评,而且要能联系理论,深刻的分析,不是"自己骂一阵"了事,所能发生的效果可以是很大的。

批评与自我批评必须有相当的理论基础,同时也是提高理论最有效的推动力。普通的理论学习很容易流为教条,尤其是把政治课当作其他功课一般来讲授的情形下更容易如此。所以联系实际是大课最重要的方法。不但在讲授时要针对群众自己的问题作具体分析,而且学生讨论时也要密切结合自己的思想和生活。这就是批评与自我批评。所以在学习告一段落时,须要有一次思想总结,使学生反省一下在这段落中,所学习的理论对自己的思想和生活起了些什么作用,老老实实的写下来。依我们的经验,"一次思想总结胜过半年上大课。"这是说，经过半年大课，有一次总结，才能把收获巩固起来。

在这段经验里，我们还得到一种认识，就是思想改造中需要典型的启发。一群有着相类似生活的人中，如果有一个人自觉了，把他的自觉过程表白出来，就会带动其他的人。这个人就是典型。这是学习过程中一般的原则。小孩学说话时最好的老师是和他年龄相似的孩子。在政治教育中常常有忽视这原则的，把极高的榜样陈列出来，使人感觉到高不可攀，或是由阶级出身不同的人担任指导，很多细密的地方就不易体会。亲切的感觉是有阶级性的。有一次我们请了一位地主阶级出身的学生报告他的反省，在许多小资产阶级出身的学生中引起了很深的厌恶。在加强阶级观点上是发生了作用，但是并不能感动他们，不能启发听者自己的反省。另一次有一位小资产阶级出身的学生反省他怎样好胜，怎样看见别人比他强而妒忌人，这似乎是很细微的事情，但是同他相类的学生却感动得哭了起来。这里不但证实了感情的阶级性，而且指出了改造工作中重要的原则：同类带动同类。因之，小组里的自我批评常常比听讲看书所发生的效力更大。

我们已说过，大课的原则是自学为主，讨论为辅。这原则是正确的。但是要能做到认真的自学，必须先启发自觉性，这一点在新解放区的普通大学里特别要注意。在专为培养干部的学校中，不论入学的目的怎样复杂，自觉性比较上是有基础。但是新解放区的学校中，多少还存在着相当强烈的"超政治"观点，所以政治觉悟较低。在这情况中强调自学常常是不切实际的。经过了"百病丛生，求医待诊"的阶段，自觉性提高了，自学才有基础。在这个时候，大课才能加强理论，有系统的提高；也只有在这个时候，自学为主的口号才能为群众所接受和实践，大课也可以迈进一个新的阶段。

政治教育在京津各大学中已进行了半年。经过这半年的摸索，有了这一点经验。比京津解放较迟地区的学校，或是已进行政治教育的，或是即将开始的，推想起来，也可能发生和京津各大学类似的情况，所以把这一点经验写出来，也许可以有参考的价值。

（一九五〇年三月十五日于清华园胜因院）

加强大学的民主基础
——记清华大学的代表会议

　　清华大学校务委员会在将近解放一周年的时候召集了一次包括师生员工的代表会议,目的是在检讨经验,吸收教训,巩固收获,厘定方针。要达到这个目的,必须发动群众,使每一个清华人员都能发表意见,经过反复讨论之后,得到的结论才能贯彻到群众中去。这个加强大学民主基础的代表会议还是一个试验。在这试验中得到的经验也许是值得记下来以供其他大学参考的。

一

　　清华大学所以能召集这样一个代表会议是具备着下

列的条件：一、具有比较健全的群众性组织的基础；二、校委会对校务改进的积极性和愿意加强和群众联系的自发性；三、自从解放以来群众团体协助校委会推动校务的经验和成绩；四、人民政协通过了共同纲领，文教政策已经明确规定；五、教育部的鼓励和指导；六、从人民政协、北京市人民代表会议所得到的启发；七、校内党团和行政的优良关系。

解放以后清华的师生员工以及他们的家属都已经分别组织了他们自己的团体。学生会是解放之前就有了光荣的历史。教授会也是早就有的，而且是行政组织中的一部分，解放后又有教授联谊会群众性的组织。解放后讲师、教员、助教组成了讲教助联合会；职员组成了职员公会；工警组成了工会；家属组成了家庭妇女会。后来教授联谊会、讲教助联合会和职员公会合并组成教职员联合会。——总之，每个清华人员都已经组织了起来。主持校务的校务委员会里就有学生和讲教助的代表参加。不但如此，自从解放以后，校务中许多有关群众工作的事务，好像解放初期的生活委员会、巡防委员会以及后来的评薪工作、调整住宅工作，都是有各团体的代表所参加的。大体上说来，解放之后，清华之所以能稳步前进，就因为行政上能依靠群众，和群众有健全的组织。

这次代表会议完全是由行政上主动召开的。这一点是相当重要的，因为如果行政和群众间有着对立的形势，这种会议不但开不好，而且会引起不良的结果。校委会在决定召开代表会议之前先做了一次"工作总结"，把初稿分发到各团体，各团体又在各小组中展开讨论。校委会根据当时群众的情绪，认为已经酝酿成熟，才邀请各团体及党、团、盟的负责人一起商量，怎样召开这个会议。行政上的主动配合了群众的支持，这个会议才能开得起来。

清华地处首都也是一个重要的条件，因为在首都容易得风气之先。人民政协、北京市人民代表会议所给大家的政治教育是极大的。同人同学中就有不少直接参加过这些会议，有了一些开会的经验；而且有任何困难的问题也很容易向上级请示，向有关方面请教。这次会议过程中教育部和共产党市委会所给的帮助是极重要的。

二

大学不是一个政权机构，而是一个教育机关；校委会负有行政责任，它执行上级机关的命令和政府的政策来领导全校的校务。因之，大学代表会议的性质不同于行政区的人民代表会议或人民代表大会。大学代表会议是行政上反映群众意见，采纳群众建议，接受群众批评的会议，也就是群众路线的具体方式。

这个基本认识在开会前必须搞通的，因为如果不明确就容易发生极端民主的偏向。代表会议并不应当拘束行政的权力，如果这样，就会搞乱行政上自上而下的系统。但是群众的意见行政上必须重视的，凡是有意见和政策不合的，或是在具体情况中不能实行的，行政上就得在这会议里耐心的和群众解释。凡是有助于推行政策的建议必须接受，而且付诸实施。这就是使自下而上的路线能和自上而下的路线密切结合，使校务能有效的推进。

为了要使这次会议有领导的进行，校委会不但是主动的召开会议，而且积极的参加筹备委员会和会议的主席团。

在一个普通的大学里和校务有关的只限于师生员工，所以代表会议的代表也不必轶出这范围。但是清华的情况却是特殊。它的校址是在郊区，校内包括大部分同人的住所，构成了一个地方性的社区；而且习惯上学校围墙以内的各种公务，好像保卫、商店、交通，甚至户籍等地方行政事务，都是由大学行政当局负责处理的。居民一共有四千多人（连学校附近的同人家属共6000人），这个社区抵得过一个小市镇。因之，在清华的校务有广义和狭义两种，广义的校务是包括这社区的公务的。为了照顾同人的福利和公益，所以必须邀请家庭妇女会参加这次代表会议。

但是大学校务的中心是在教学工作。经各团体整理过后向代表会议筹委会提出的议案364件中：200件是关于教学方面的，58件是关于行政方面的，82件是关于生活福利方面的，其他14件是对校委会的意见。这些数字表示了这次会议的重心所在。

代表名额的分配也是根据这重心来规定的：以学系为单位的师生代表占最多数，共122人；其他是各团体的代表，共131人。

三

会议的主要工作是"反复讨论"。最初是全体清华人员在小组中根据"校委会工作总结"进行基层的广泛讨论。经过讨论后，把意见形成提案，分别向各单位集中。各单位的代表根据各小组意见和提案，归并和修正，提交筹委会。筹委会再加以分类提交代表会议。原始提案据估计有七八百件，提交代表会议的提案合并成364件，分为20类。这20类的名目可以看得出提案的一般内容：（一）加强教学领导及组织教学委员会，

（二）文法学院教学改造，（三）学制改革，院系调整，加强院系务会议，及经费、图书、设备分配，（四）大一教学，（五）研究生教学，（六）研究工作，（七）教师人事制度，（八）职工学习，（九）图书馆，（十）职工人事制度，（十一）行政部门检讨与建议，（十二）保卫工作，（十三）合作社，（十四）学生膳食，（十五）房屋工程，（十六）文娱体育，（十七）成志学校（附设之同人子弟学校），（十八）医药保健，（十九）对校委会的意见，（二十）其他。

从群众中得到了这样丰富的提案，主席团展开了多次的讨论。每一个提案都签署了初步意见。接下去是交回代表去讨论。这一个步骤是代表会议过程中最重要，也是最繁重的工作。代表会议中成立了 20 个"协商小组"，每组负责讨论一类提案。协商小组的组织包括原提案人、主席团代表、自由参加的代表，由主席团在代表中聘请一人为小组召集人。各组人数不同，最多的有一百多代表参加，而且开会到三四次之多。这种小组会议的目的是根据提案和主席团签署的初步意见，进行协商，取得共同意见。这个方式是极能解决问题的。有许多意见是出于不了解具体情况，所以行政上能充分加以说明，问题就解决了。关于原则性的问题，多讨论，多商量，也就容易接近。各组召集人更在会外进行各种方式的协商。

在协商过程中，代表们大多感觉到有许多基本问题的解决必须对文教政策有进一步的认识。主席团根据这种情况决定请教育部钱俊瑞副部长来讲了一次话。不经过多次反复讨论具体问题，就不容易了解政策的意义，政策的学习而不结合具体问题也会流于空洞。这次代表会议，尤其是在协商过程中，代表们所得到的教育作用是极大的。

协商过程有五天，天天有小组在开会，主席团也跟着当时情况的发展进行商量。因之领导方面能紧紧的把握着群众意见的发展。结果原有提案又归并成综合提案51件。主席团根据协商结果签署最后审查意见，提交各单位再行综合的讨论一次，才在大会里修正通过。

这种反复讨论，从群众中来到群众中去，有领导的进行解决问题的方式就是民主集中制。

《观察》杂志的记者曾说："这次会议的基本精神所采取的是'民主集中制'，即：用协商小组的方法，事先便有充分的讨论，等到开大会时只要一读一问即可通过。这样的办法，有些人以往总不大相信它的'民主'成分，而在这次会议中，却得到了充分的体验：它的的确确是民主的。因为假若把这些提案交到一个有256人的代表会议的大会上去讨论，事先又没有经过磋商，到时一定是乱哄哄的，届时虽举手'反对'或'赞成'，但都未必能考虑周到。这不仅耽误了大家的时间，而且一定会得不出好的结果。但这次会议的提案，在协商小组的协商过程中，却使每个人有充分考虑的时间，有足够发言的机会。在某一个小组中遇到了一个大家意见极为分歧而相持不下时，主席就临时宣布休会，以便在个别交换意见之后，再来进行讨论。有的一次讨论不完时，下次再继续讨论，譬如在讨论提案第一类有关于'成立教学委员会'的问题时，有的认为'这个委员会应与校委会平行'，有的则主张应以校委会为核心，吸收各院系参加。在第一次的讨论，大家得不出结论，到第二次再讨论时大家终于取得了一致的看法。有的小组会一共开了九小时之久，务必使意见趋于一致才肯罢休。这样经过大家反复讨论的结果，其周详性较诸在大会上来讨论，来表决，自然要好得多了。这就是民主集中制。"

校委会根据了全部提案的审查意见起草"校委员今后工作方针"，经各单位讨论，提意见，和修正后，正式在代表会议中提出报告。代表会议从11月7日开始到12月4日结束（全体大会则一共只开了三次），得到了这一个具体的收获，使清华今后一年的发展方针有了共同的认识。

四

清华代表会议的收获，事后经主席团的检讨，总结在这次会议的"工作报告"中，我们可以引用来作本文的结束：

"这次代表会议一般说来是成功的。主要的成就首先是广泛的引起了全校人员对校务的关心，集中了绝大多数人员的意见，作为今后校务推进的方针。代表会议秘书处宣传组曾在会议进行过程中举行了一次群众性的测验：一共发出了 2790 份表格，收回了 2371 份，占发出的总数 85%。这表示了不但代表们积极参加会议，全校群众也密切关心会议的进行。答复测验的人员中认为这次会议有足够代表性的占 79%，认为代表性不够的占 9.4%，认为无代表性的占 0.2%。这次代表会议的有关文件（包括人民清华、大字报、各种提案）全部看过的占 9.4%，看过大部分的占 41.6%，看过小部分的占 40%，没有看过的占 5.7%。认为在会议的提案中把自己意见已全部包括在内的占 36.2%，已包括了部分的占 41%，没有包括在内的占 11.9%。这些统计表示了绝大多数的人员对于这次会议是认为满意的。

"其次，此次代表会议从 10 月 31 日发出校委会总结初稿到12月3日会议闭幕，历时有一个月。工作最紧张的提案协商阶段，自11月23日起到完成综合提案之11月28日，历时五日。256个代表经常开会紧张工作，始终如一，表示了代表们负责及积极的精神。这种精神只有在政治觉悟之后才能获得的。会议的过程，因为缺乏经验，大部分是逐步依形势的发展而推进的，虽则因之有不少过失，但是依靠群众的创造力，还能相当的贯彻民主集中制的原则。经过了这次会议，这个原则已经为多数人员所认识，对于今后工作一定能起很大的作用。

"第三，在这次会议中，本校教学、行政及其他各方面的情况全面的经过了一次检讨。原始提案有七八百件之多，凡是应当改革的地方，可以说几乎全部暴露了。经了长期的反复讨论，对于各个问题怎样处理的原则，也绝大部分得到了一致的意见。校委会根据所宣布的方针，逐步推进，必能得全校人员的拥护和支持。因之这次会议确实做到了为更进一步改造清华立下了稳固的基础。

"第四，过去一年，一般情况富于过渡性质，所以校务推进未免常常处于被动地位。此点在校委会工作总结中已经说明。经过此次会议，校务委员会能把共同纲领的文教政策结合清华具体情况，集中群众意见，制定今后工作方针，由被动转入主动，迈进入一新的阶段。

"第五，此次会议初次集合师生员工一道讨论校务，对于以往无从参与校务的职员和工警有极大的鼓励作用。破除了教职及职工等人为的界限，团结了一切工作人员为同一目标而努力。这种团结必能提高行政效率。以教学部门言，全校师生代表一起讨论全盘教学问题亦属创举。不但加强了师生间的联系，而且沟通了向来不相过问的各个教学部门。在加强教学经验的交流及克服各部门的本位主义等各方面，亦因这次会议而得到了很好的开端。

"这次会议因为缺乏经验亦有许多错误及忽略的地方。首先是会议的性质在最初发动时没有十分明确的提出来，以致有一部分人员及代表把学校机关视作政权机构，对代表会议抱有不现实的希望。尚幸及时一再说明，没有引起严重的偏向。

"其次，代表会议最初的一个阶段确能发动群众，一切意见及提案确是从群众中来的。但是代表选出后，代表与群众之间的联系并没有很恰当的建立。因之有一部分代表未免和群众脱离，没有把会议情形逐步向群众传达，甚至协商小组的协议也没有全面的向代表们传达。会议闭幕后，除学生会及行政部门的职员外，并没有广泛把会议的收获传达群众，巩固成果。

"总结起来，经过此次代表会议，学校领导机构与群众的联系是加强了，清华今后改造的方向已经明确了。这是一个良好的开端，不是一个结束。所以这次代表会议是否能有重大的收获，还得看今后校务是否能实现已经决定的方针。"

附录一

清华大学校务委员会工作总结初稿

（一九四九年五月七日至十月三十一日）

本校于五月四日奉文管会通知成立校务委员会。五月七日本会即根据"大学校务委员会组织大纲草案"进行组织，为全校最高权力机关，主持全校校务，并商订全校应兴应革事宜，组织原则采用民主集中制，各委员在主席领导下工作，成立至今已有半年。现在人民政府已告成立，教育行政已入正轨，为了开展今后工作，本会认为应当把过去工作及时作一总结，检讨经验、吸收教训、巩固优点、克复缺点、使今后本校一切设施俱能依共同纲领中规定的文化教育政策加强推进，以达到使本校成为人民的大学的目标。

甲　总绪

本校在去年十二月十五日解放，因原校长离校，所有校务由校务会议主持，其任务在保护学校及维持经常工作。本校原有群众基础较为健全，在此过渡时期赖同人同学通过教授联谊会、讲教助会、职员会、工警联合会、学生会及家庭妇女会等群众团体，群策群力，共同解决当时种种急迫的问题，如保卫防空等工作有巡防委员会负责，粮食经济等工作有生活委员会负责，这些委员会都由各团体代表组成。发挥群众力量的结果使本校从解放到接管一段期间，不但财产未受损失，而且工作人员几乎全部都能安心留校，造成接管时之顺利条件。

一月十日本校正式由军管会接管，校务仍由校务会议维持，至五月七日始由本会继替。大学之中心任务是在教学，本会接事后即继续推动课程改革之研讨，经长期之酝酿，至本学期始逐步实施，对于院系的合并亦已有调整。为加强师生团结及集体互助，在学期结束时曾号召温课运动。更在助学金评议中提高学生之学习态度，并为师生能合作促进教学之改进起见，成立系务会议及院务会议。本会在教学工作的推进上虽已着手，但尚属初步，因为过去半年中主要之工作还在为今后改善教学创设较好的条件。为确立教学工作之经济基础规定经费分配制度，为充实师资及增加学生进行聘任及招生工作。为安定工作人员之生活，进行教职工警之评薪，同人住宅之配租，及加强保卫；此外又响应政府号召进行精简节约，庆祝人民政府成立，节约救灾等运动。在这许多工作中本会缺少经验，虽则得力于各群众团体之合作，同人认真办事之精神，大体上均能得到相当成效；但本会忽略思想领导，做事时偏重技术上用功夫，忽略政治上的教育意义，流于事务主义；而且缺乏计划，不能把握全局，争取主动，以致种种工作大多等事情逼上来时方以突击姿态，予以应付。本会委员又缺乏分工，以致工作重量往往集中在若干人肩头，人少事繁，埋头事务上之处理，脱离群众。而且一段时间只能集中力量办一件事，有时一事未了，他事又起，仓促转移阵地，不能巩固成果。本校校址处于郊外，城郊交通不甚方便，本会同人又有深居简出之习惯，对外缺乏经常与多方面之联络，内外情况时有隔阂，在行政上不无困难。这些是一般性的检讨，今后对于此类偏向必须纠正。

现在可以将以往所做各项工作分别加以报告和检讨。

乙　有关教学之中心工作

一、课程改革

大学的中心任务在教学，教学的中心工作在课程，所以课程改革是改造大学最主要的工作。过去本会所有工作偏向于创造进行教学改造的条件，至于课程改革本身虽则开始得很早，还是偏于局部性。在接管之前教授联谊会就发动学制改革商讨运动。接管后根据"取销反动课程及增设革命课程"的原则，曾有局部兴革。文法学院各系分别反复讨论课程改革计划，讨论时师生共同参加，后来获得结果由高教会经多次研讨规定基本课程方案。本校在本学期起已遵照此方案予以实施。理工学院虽则还没有统一的方案，但各系分别讨论已有结果的本学期也已局部实施，一般说来，必修课程已经减少，使学生能同时进行政治学习。关于大一国文英文是否需要必修的问题，经过多次讨论，获得了初步决定，原则上是根据学生应用文字的程度而定，凡程度过低者必修，程度及格者免修，标准由各院自行商定。各门课程之教学方法亦已有局部改革，若干课程已采用小组互助制，并且定有学习计划，成绩由民主评定。但以全体说各课程间还缺乏计划化，以致发生学生负担太重，学习时间不够分配，影响康健等偏向。学生学习情绪提高，教师认真负责讲授，如果没有全盘计划，这种偏向就难避免。因之，在教务方面的情况各课实已不能由"独立生产"来配合，必须进入"计划经济"的阶段了。课程改革中最大的工作是全校共同必修的政治课程。本会在高教会领导之下认真办理，又有党团的基层保证，在组织上已经建立基础，贯彻"师生互助，教学相长"的原则，勇敢尝试了二千三百学生的大规模学习计划。本校全体教职员在教职联领导下，同时参加政治课程之学习。这在本校历史上是空前的。现在尚在尝试阶段，希望能收到预期的效果。

二、院系调整

解放后本校各院系对配合政府政策，提高教学效率均有反复及积极性之讨论，尤以文法两学院为具体。文学院曾提出全盘调整之计划，但以院系全盘调整牵涉较大，且属久长之计，当时条件尚未成熟，所以本会只能采纳局部计划，决定将人类学系与社会学系合并。人类学系原定发展计划因所聘教员未能到校以致显得单薄，但少数民族文化之研究仍属重要，而且该系所设文物室，为时虽短，已有基础，譬如"从猿到人"之展览，为形象教育示范，帮助社会发展史之学习，颇有成绩，不但供给本校之用，且曾在革命大学展览，引得好评。所以人类学系合并于社会学系后工作能继续进行与发展，表示此种调整效果尚佳。法学院方面奉高教会令取消法律系，学生转入北京大学，但教员工作之调动曾发生困难，原因在事先缺乏计划所致，亦是一项教训。

暑假末，奉高教会通知，决定结束本校农学院，所有师生员工全部归并于新成立之农业大学。本会为协助农大之创设决定在不妨害本校教学及同人福利之条件下将本校原有农业教学设备尽可能移交农大。但以此事酝酿不够，准备不足，加以时间上接近开学，此种重大之调整，在心理上，在行政上均不免发生困难，幸各相关机关和衷共济，农院同人共同合作，一切问题得以顺利解决。

三、号召温课

本会在上学期将近结束时，根据学生所反映的需要，号召师生团结共同进行温课运动。这次温课运动学生会的总结如下："这次温课的精神和意义是师生团结，集体互助，总结学习和酝酿改造学习。经过学生会邀请师长参加学生会代表大会共同对校委会的号召充分讨论，做到思想上的动员，各系级班会具体领导各小组由师长帮助订定计划展开温书，在这二三星期内过程中创造了不少经验和辉煌的成效。师长们的积极热情的辅助，大大发挥了师生团结和集体互助的学习精神。一般的说，这次运动证明了校委会对学习号召的重要性，并使系务会议更进一步的走上全面的领导同学的学习和给发展到下学期开始订制学习计划打下了基础和条件。"

四、助学金评议

助学金评议本身是一项教育工作，本会根据高教会所定办法认真执行，主要依靠学生会及评议小组进行工作。助学金评议的效果表现在学生对学习态度的改变，加强了为人民服务的观点，更具体的说是学生生活的朴素化，例如自己洗衣和学生间的互助，例如两人分请甲乙两种助学金而以余补不足。学生会对助学金评议有如下的总结："上学期人民助学金的评议是清华行政领导，首次依靠群众，发动群众而获得很大成就的具体范例，也是在全国革命形势迅速发展下，清华学生思想上更进一步的发展和提高。这次工作主要是配合学生自己的组织学生会来做的，首先经过充分的思想上的动员，群众对助学金性质意义的讨论，通过学生代表大会集中了各系级的意见，根据政府方案制成决议，再由代表带回去执行，并且依靠广大党团员的保证，顺利的完成了这项工作。"这次工作的缺点是本会没有表扬学生中的模范典型，评议过程中发生了先紧后松，以及若干有需要的学生放弃申请的过左偏向。

五、院系务会议

院务会议与系务会议是根据民主集中原则而组织的。该项组织虽然建立了，但是因为对具体情况了解不够，任务又欠明确，所以实际结果各院系颇不平衡。大体说来，院务会议效果甚少，系务会议较为成功，而且有若干学系确能在系务会议发挥团结师生，推进教学的效果。这些结果全面看来实在反映了本校原有组织的面貌。本校原有组织中学系的独立性甚高，教学与行政都以学系为基础，可以直接与最高权力机关发生联系，并不一定要通过学院。学系与学系之间也常是直接联系，解决问题。院长的任务只限于必要的有关全院教学上的配合与计划，及各系聘任问题，事务上对学系并不过问，即各系预算也不在院内统筹，直接由学系与校方协议。因之，在已有局面的维持工作上院方的任务可以极少。但是如果要求发展，为了加强领导，使各系教学提高配合性与计划性，院务会议即有其重要性。另一方面，因为行政事务基层上都由学系负担，所以系务颇行琐碎，若干学系之系务会议经常讨论事务问题，有民主而不集中，亦有若干学系负责人认为事务不必讨论而不召集系务会议。这些都因为本会缺乏领导，没有把系务会议主要在商讨各系教学上的问题，师生共谋改进的原则明确宣布所致。半年来本会更未对各院系工作听取报告，进行检查，任其自流，效果未著。

丙　创设改造教学之条件

大学之中心工作原属教学，但是为了要使教学改造能实现，还得在物质及人事基础上创设较好之条件。本会接事后半年来大部分时间即用在这方面：为了使各院系经费能有适当分配，所以确立分配制度，又为了充实师资和增加学生人数以充分利用本校设备，所以征聘教授及招考新生，又为安定工作人员生活，进行评薪，配租住宅，及保卫等工作。兹分别报告如下：

一、经费分配

本校对经费处理向极慎重与精简，原因在于大体上采用民主方式，主管人并不任意支配。本会继承此项精神，并促进其制度化。本会先定原则：全校总经费分为教学费与行政费两项，为保证教学工作之进行，规定其与行政费之比例为65∶35。教学费分配于各教学部门，分配之原则由各部门主管人协商决定采取根据需要之积点制。积点计算时兼顾各部门基本设备费及依课程人时变动之教学费。此项制度实行以来颇能使学校财政合理化。例如经费虽极紧缩，而行政费比例从未过分超过规定之数。各部门协议之结果增加相互了解，减少争执。积点制避免了平均主义。此项制度之缺点在不易照顾非经常性之大宗支出，例如仪器运输费及尚未发展成熟之学系的需要，如化工及营建两系。过去凡属特种教学支出，非一系配额所能负担者，由本会决定于分配前在总额中提出之。最近又拟另规定总经费5%为特别教学费专门应付此项需要。本会将按经验教训，逐渐修正此种制度。

二、聘任

本会为了充实教学工作，希望在本学期开学之前，把各院系师资问题及早解决。本校对聘任一向极为严格，经院系提出人选后，须经聘任委员会详加审查。本会因鉴于情况改变，原有机构不太适合，所以采取直接由本会处理的方式。每一教员的聘任均须经本会指定小组审查，向本会报告，予以取决。此项方式固然有其优点，表示重视聘任，审慎与细致；但是缺点在过分占用本会会议时间，影响了其他工作。又因为聘任教员逐个提出，逐个讨论，以致缺乏对人事作一预先的全盘筹划。聘任进行半途，高教会提出了新的指示，为财政困难，名额上加以限制，全校各院系的全盘计划更为困难。上下缺乏了解，行政上发生困难是一个教训。事先如果能就全盘计划向高教会取得核准，事后高教会又能授权校方依据核准计划聘定人选，这次工作中所遇到的困难就不致发生。

三、招考新生

本会对本学年招考新生很早就有准备，组织了招生委员会，并决定"尽量利用本校设备为国家教育人材"的原则，因之事先征询各院系的教育能力，调查宿舍容量，规定招收新生名额。但是今年一般情况变更很大，新生实到人数估计不易正确，因之，对名额规定上一再讨论，一再修改，结果仍不太正确，但实到人数751名与最初定额750名却相符合。招考事务上本校有多年经验，技术及效率上均有把握。今年更因同人努力，竭力节省，不但做到以报名费为收入自给自足的原则，而且尚有盈余。在工作上，本校和北大、南开合作，并担负重点，承办各校上海区招生事宜。这次招生的缺点在军事时间交通不便以致南京及武汉区考卷不能及时收到，发榜稍迟，影响实到人数。

本会为实施上述原则，并愿在不增加本校经费及利用多余宿舍之条件下，尽能力之所及为政府训练建设人材，所以今年应企业部之请特开化工训练班，有学生二十余名。另规定干部晋修规程，使有经验及能随班上课之干部能利用本校教学机会。又以老解放区华侨及边疆学生，过去所受教育与一般考生不同，特规定试读生之办法，主要目的在使本校能为人民服务尽最大可能之努力。

四、教职员工评薪

评薪工作在本会接事以前业已开始。当时校务会议决定由教授联谊会、讲教助会、职员会及工会分别负责评定各级人员之薪额。本会接事不久即奉文管会通知限期完成全部工作，而当时只有教授联谊会已提出评薪草案，该项草案又因原则上有问题须加修改。文管会之限期过短与实际情况不合，后来虽则一再延长，但是工作上极受影响。为了争取时间，在思想动员上太忽略了。工作人员希望早日提出方案，所以集中在技术上研讨，不走群众路线，结果是公式复杂到群众不易了解的程度。薪额虽已评定，而评薪的教育作用却没有顾到。评薪方法上虽则采取了民主形式，一则群众发动得不够，二则高估了群众的觉悟程度，所以不能根据能力及成绩来评定，重点放在年资上，这是很不正确的。本校原来对薪给标准很严，不合理的情形不多，因之，新额和旧额大体上变动不大，所以并不能因此促进同人对于工作的积极性，再加上职员薪给一般降低，既没有和职别调整配合着做，又没有在思想上解决问题，情绪上难于鼓舞。全校的评薪工作分了四个单位进行，没有统一领导，甚至协议原则的机会都没有，等各单位评定有了结果，本会再着手统一，几乎成为不可能之事。这是一个重大的教训。这次工作所表现的优点是认真的态度，不马虎，不敷衍。各团体对校务的协助十分积极。

五、教职员住宅配租

本校校址处于郊外，教职员之居住问题必须由校方帮助解决。以往原有办法是由校方建筑住宅分租于教职员同人。抗战之前教职员人数较少，学校经费充实，教职员中原住校内者总有房屋可租。但复员之后，人数增加，住宅不敷分配，所以已发生居住问题。而且因住宅大小及好坏有差别，分配时虽则有积点制，但是条例上有缺点，转辗借租，时久之后，发生了不合理的情形，甚至到校已久之教职员中尚有未有配租机会者，问题因之渐形严重。当时校方仍希望建筑新屋来解决问题。解放后学校财政困难，建筑住宅之计划不得不予以搁置，于是就现有住宅房屋如何合理配租成为亟待解决之问题了。此事从解放后即开始酝酿，教授联谊会组织委员会切实调查，屡次向大会报告，所以群众对实际情况均能深刻了解。本会成立后决定负起责任解决此项问题，组织委员会专司其事。该委员会吸收评薪经验，做事比较熟练：不躁急，多商量，发动群众，多次分区开会，集中意见，修改方案，用说服方式取得多方同意，因之在群众工作上较过去做得较好；尤其注重打通思想，公开情况，做到有计划、有领导的逐步解决问题。最后决定将原有较大住宅按群众意见加以划分改造，增加住宅数目。经费方面得到人民银行的协助借得所需款项，使划分计划得以实现。分划结果希望可使现有需要住校之教职员都有配租机会，更根据积点制严格执行以求公平合理。配租工作上大体已经结束，但是划分工程限于物质条件不能如期完成，以致尚不能使教职员安居工作，本会深感有失责之虞。

六、保卫

关于本校校内维持秩序及保卫安全原有巡防委员会及校卫队负责。解放后在接管之前的一段期间，巡委会扩大组织，由群众团体参加，效率大为增加。接管之后，群众安全感加强，巡委会工作等于结束，校内秩序曾有一度稍有退步，如自行车时有被窃，黑夜袭击女生，以及牛奶场柴堆失火等一联串之事件发生。幸政府及早号召警惕特务破坏，加强保卫，本会即组织保卫委员会，重发自行车牌照，发动群众的警觉心，激发校卫队的积极性，捕获小偷特务，秩序因之改善。同时又商请市政府赶筑校外通清华园车站之公路，以便管制贯穿校内之马路，加强门卫。希望该项公路计划早日开工完成，增加本校保卫工作之客观条件。

丁　响应政府号召

一、精简节约

在政府号召及高教会领导下，本会即展开精简节约运动，会同各群众团体组织委员会专司其事。依靠过去经验，群众路线逐渐熟悉。先在思想上发动，并公开明确宣布精简节约之意义与办法，使工作人员中不发生混乱，团结积极分子推动工作。领导机构能掌握原则，了解情况，激发群众自觉性，揭发反动贪污分子，并在坦白大会中公开检讨，始终坚持不打击、鼓励坦白、帮助改造的精神。工作干部处事慎重，调查细密，收效颇著。但是在群众情绪高涨，积极保证提高工作效率时，本会未能把握时机，配合人事调整，把成果巩固在行动中，实是失策。

二、庆祝人民共和国成立

中华人民共和国的成立激起了全校员生热烈的狂潮，爱祖国爱领袖的真挚情绪从每一个人心底流露。当本会号召庆祝时，一切条件业已成熟，庆委会更能及时掌握情况，发动工作，领导上能胜任愉快。在此次运动中不但充分表现了领导与群众的密切联系，而且更充分表现了群众的创造性，有组织、有纪律的提高了师生团结，及政治情绪。参加天安门庆祝大会时，绝大多数教授参加队伍，与学生并肩前进，全校员工团结的坚强是空前的。许多新学生从此具体经验中了解了清华精神，有的感动得甚至流出泪来。更值得提到的，全部运动遵守精简节约的原则，支出共六十万元，其中四十万由员生自动捐助。所以能这样节约的原因是在群众的创造性。例如灯笼架子多数系用校内枯草树枝，自行编制，成志学校小学生都能参加搜集材料的工作。这次运动可以认为是成功的，但是最后一次座谈会并未开好，以致并没有把爱祖国的热情巩固在今后的业务工作上，和大学中心任务联系不够。

三、节约救灾

节约救灾的提出在精简节约的末期，刚要开始时，又被庆祝运动的高潮所淹没。本会未能将其结合在庆祝运动之中是一个错误。高潮过后，限于时期不能再拖延，于是只能仓促进行，发动群众的时间不够。考虑当时情况只能通过各群众团体分别进行说明及捐募。除大字报外直接向群众动员的工作没有做。结果在捐款数目上虽则相当成功，约为员工薪给之百分之二，但在教育意义上效果较小。

戊　校务委员会本身检讨

校务委员会在组织上确立了团结合作的形式，这点在本校颇为显著。本校素来着重清华一家之精神。"团结一致，为校服务"乃同人共守之原则。以往在抗战时代已有良好表现，现在在政府号召之下，更易为功。但是此项组织中缺乏职员代表，而且教授会也并未自选代表，这两点一般认为是美中不足。

校委会之组织原则为民主集中制，此项原则对本校同人比较生疏。清华传统接近英美式民主，因之，在运用上对新制度未能熟练。例如常务委员会对校委会并没有建立领导作用，这两层在组织上的关系不太明确，甚至常委会不常开，许多事务问题堆到校委会里去解决。

领导机构被事务问题束缚之后，校政方针等原则性问题没有时间充分讨论，于是整个大学的发展入于自流状态。本校过去半年略有兴革的主要原因在于群众团体之协力推动，而不在校委会的主动领导。在组织形式上发生由专门委员会负责的情况。专门委员会大多有群众团体之参加，其长处在联系群众，依赖本校比较健全的基层组织推动校务，其缺点在突击性，各工作间缺乏联系，领导机构对校内动态缺乏全盘性的计划。

民主集中制的基础是群众组织，在本校原有良好条件，但因为本会对此缺乏经验，所以并不能充分发挥其效能。本会初期对于群众号召不习惯，对群众路线不会走，形成群众拉紧领导机构而不是领导机构主动接近群众。半年来虽则局部的已有改进，但尚偏于有关生活方面的问题及群众性的运动，至于中心任务的教学工作上却特别忽略群众，以致院系务会议没有普遍的健全化。

本会委员都有自身的教学工作，而本校传统又不重视教学行政，所以一般说来，对行政事务缺乏兴趣，大多以服役态度出任行政工作，主观方面有早日摆脱回到教学岗位的倾向。而本会接事以来，因分工不健全，又犯事务主义的错误，本会委员对教学业务颇有难于兼顾之苦。本会一般意见认为主持学校行政者宜为专职，以教学人材兼办行政只能视为过渡期不得已之办法,希望政府对于此点能予以适当之考虑。

本会与上级机关、高教会之关系一般说来均为圆满,在领导上能及时指示,本会亦能尽力认真执行。但因城郊交通不便,接触及联系还感不够,本校情况未能充分及时与全面的正确反映,以致有时发生隔阂。但以过去经验说,一旦发现有隔阂情况,均能及时沟通,一切问题均能得到顺利的解决。在改造期中,领导方面原应加强,但在事务上如果过于过问,亦易发生偏差,尤其在一项工作业已进行至半途,而与新指示不尽相合时,行政方面易感困难。本会希望今后上下机关的职权尚须规定得更为明确,分层负责制度能加强实施。

己　今后工作重点

总结以往半年工作经验,根据所得教训,本会认为本校整理工作初步已有头绪,改造教学之中心任务所需条件亦已较前为完备,所以为作进一步之提高,今后工作可依下列几个重点予以推进:

一、加强教学领导

现在教师及学生一般说对教学要求业已提高,学生方面已有学习互助之小组组织，多数学系之系务会议亦已重视教学领导和讨论。这是加强教学领导的基础。另一方面因各课程所需学习时间并未统筹，以致在进行中相互牵制，学生更感痛苦。统一的计划及确立领导机构已成必需。本会应即研究设立此种机构，先行调查各系各课之情况，指导各单位进行研究配合之计划，获取及交流经验选择模范予以传播。对各课之教学方法及内容尽量鼓励及帮忙各教师逐步改进，并反映学生意见，考虑研究，对各课作具体之建议，以备教师采纳。

二、摆脱事务主义

校务委员会及常务委员会之关系必须明确化，实行民主集中制的原则。凡属行政事务必须建立分层负责制，凡不牵涉原则性之事务工作由事务部门负责处理，经校委会主席批准实施。较重要者由常委会商讨决定，尽量减少校务委员会之负担。同时加强民主管理制度，充实总务会议、教务会议等机构，反映群众意见，传达校务方针。校务委员会可以有时间经常研究原则问题，加强思想领导，把握全校动态，检查各部工作，摆脱事务主义。

三、提高行政效率

为提高行政效率，减轻本会及各主管人员事务上的担负，必须发挥基层工作人员之积极性及创造性，并在行政机构上予以调整以求合理化。因之，今后必须展开职员工警的政治学习，纠正其雇佣观点，提高清华一家共同负责的精神；并健全基层组织，经常能使工作人员集体讨论，展开批评与自我批评，互助改进。本会应即着手在调整机构时注重人事上的调整，务使人尽其用，奖励成绩优良之人员，树立模范。

四、加强群众联系

本会与群众联系以往只能依赖两种方式：一是由本会之学生会代表及讲教助代表联系学生及讲教助同人，此种方式是直接但不全面；二是由各专门委员会中之团体代表联系各团体之群众，此种方式是全面但不直接。今后本会组织上希望能更富于全面代表性，俾能直接与全校群众相联系。现在本校教职联及工会均已组织完成，而且即将统一组织，群众基础较前更为健全。同时本会应当定期召开大会或代表大会将工作总结向全校师生员工提出报告，交付审查、检讨、征集意见，提供参考。这样一方面增强本会之群众基础，另一方面促使师生员工感觉到校委会是自己的领导机构,热烈响应号召,保证工作完成。本校之发展当可加强。

附录二

校务委员会今后工作方针

一 总方针

本大学基本任务是在贯彻新民主主义的教育政策,提高人民文化水平,培养国家建设人才,肃清封建的、买办的、法西斯主义的思想,发展为人民服务的思想,因之本校校务的中心工作是在教学。过去半年本会因限于具体情况,大部分工作偏于整理教学之环境,创设改造教学之条件,以致在教学工作本身未能予以应有之领导。现在本校教师与学生要求改造的情绪业已提高,而行政之整理亦已大体有了基础,所以本会今后工作重心必须是加强教学的领导。

本校原系综合性的大学,其任务在造就多方面的建设人才,但是根据过去历史的发展及现有的设备,本校确有其重点。所以今后当继续发展其重点，即以训练经济建设人材为主，对理工学院应尽可能予以加强。但重点发展并非轻视文法，对文法学院亦应予以提高，促进其改造，使其能切合人民的需要，训练经济政治及文化建设人才。在加强理工学习中，尤须及时纠正纯技术观点，确立为人民服务的思想，必须重视政治学习。业务学习中亦须避免好高骛远、不切实的教条主义，及琐碎近视之经验主义，而须把握理论与实践的结合，注重能运用原则、处理现实问题的训练，使本校所造就之人才，在建设事业中不但能胜任其工作，而且能表现其创造性，对人民文化水平能起提高作用。为使所造就之人才能切合于建设的需要，必须要建立全面观点，不但在业务上有其专长，思想上能贯彻为人民服务之热忱；而且须能明了社会发展的规律，具有向群众学习的态度，及健康的身体，所以学习上应照顾多方面的平衡发展。本校更应加强与外界联系，配合政府建设工作吸收先进国家苏联的经验。

最近将来，因胜利的负担，国家财政尚无力供给本校从事发展，所以本校只能在现有经费下力谋精简，不浪费一文，并设法集中财力于教学工作。本会将负责克服种种困难，尽可能坚持教学费用超过行政费用之既定比例。同时更须进一步调整各部门经费分配，鼓励各部门间之互助精神，严格根据需要为分配原则。尤应号召全校人员对水电之节约，并早日规定检查及竞赛制度，减少消耗，加强学习。本校人员在目前国家财政困难下仍宜力求精简。

二　当前教学上急需解决的问题

首先是课程的改造，在文法学院课程的内容尚有非马列主义的成分，而且和实际缺乏配合，因之改造工作尤感迫切。理工学院的课程一般说来过于繁重，课程之间不免缺乏联系。有的内容琐碎，有的彼此重复，有的未能与实际需要配合，重加调整，纠正偏向实有必要。

自解放以来，各系课程分别自动改造，又以学生学习情绪的提高，教师努力的结果，发现了种种的问题。各系课程的增加和重复，学生负担的加重，影响了学生的健康。这种现象已表现了教学计划性及精简课程的急迫需要。其次是"教"和"学"未能完全配合，教师与教师之间在教课上缺乏联系，同学在学习态度上有好高骛远，不求深入的情况；并且存在单纯技术观点，忽视政治课程；也还有些同学把学分和考试分数看成学习的目标，忽略了为人民服务而学习的观点。在教学方法上各教师各系级固有新的创造，但是缺乏经验交流，引起了各课间不平衡的情况。

针对上述的问题，本会充分同意代表会议的建议，认为今后为了要促进改造，必须加强全面性的领导，使教学工作能有系统的有计划的进行，并使院系之间发挥充分联系和配合。此项领导又必须贯彻到每院每系每级以至于每人，所以在组织上必须加强分层负责，上下交流的群众路线，这是最基本的教学组织问题。考虑具体情况，各系间的联系更为迫切，所以本会认为各院各系必须切实做到领导院系内教学的改进与配合。

在文法学院方面，教学的改造已有教育部所颁布的基本课程作根据，先搞好现有马列主义课程，逐步改造旧课程，并鼓励教师开新课程。不必要的课程暂时可以少开，重复的课程逐步从沟通到集中和归并。有关各课的教师可即组织讨论会交换经验，并可试行集体教授方式。院级教学领导机构应着手将所有课程作有体系的、有计划的全面调整。文法两院所发生的问题既然相同，所以在改造工作中应充分合作。

在理工学院方面，课程改革亦应根据实际需要加强原则性的学习，并有系统的有重点的加以精简。早日展开讨论，希望能在寒假期中得到初步结论。在没有获得全面计划前，院级教学领导机构，应加强各课程间经验交流，在具体情况许可下，进行局部改进。

全校教学领导机构必须即日反映群众意见，对学制改造进行研究。例如现有学分规定已失其原有作用，为了照顾学习效率及学生健康，必须调查各学生实际负担，作合理的规定，重定学分的分量。同时各系必修的学分与必修课程亦必须予以审定，尽可能予以减轻。各课程各系各院必须确立检查总结制度以改造原有考试制度。

课程的改造主要在师生思想的改造，实现"师生互助"、"教学相长"的原则，因之本校政治课应予加强，鼓励师生积极参加。在教学方面教师不但应经常了解学生情况，而且要经常交流经验，推广有计划性的、有启发性的教学方法，如形象教学法等。教学领导机构要表扬有成绩的教师，帮助有困难的教师。学生应发挥向人民负责的态度，尊重教师，诚恳的把意见反映于教师，共同促进改造工作。

教员助教的任务必须确立。其任务是在协助教授教学及加强教授与学生间的联系。教员助教是大学新师资的源泉，应受重视。为提高其思想水平及业务水平，在可能条件下应减少其事务工作。

三　确立教学领导组织系统

更具体的实现上述的教学的改造方针，必须确立教学领导组织。教学工作原系大学的中心工作，所以最高领导机构应当是校务委员会。这是他的责任。但是本会检讨过去经验，感觉到以现有组织情况推行该项工作时必然会发生困难。因之接受代表会议的建议，确立集体领导和分工负责的原则，分别深入各院系，了解情况，但是在必要时可以集中多人力量担任重点的或突击的工作。在这种分工中还要建立汇报制度，使校委会各委员都能掌握全面情况，作原则性的决定。有关专门问题如学制改革等得成立委员会，包括校委会以外的人员参加。

要加强校委会在教学上的领导，必须把院系各级的教学领导机构建立起来，使校委会能通过中层机构，密切和群众联系，使改造的计划能贯彻下去。原有院务会议及系务会议根据其组织条例名称欠妥，且组织庞大，不能灵活运用，所以本会接受代表会议的建议，将呈请教育部取销现有之院务会议及系务会议，并设立院务委员会及系务委员会分工负责集体领导，切实领导各院系的教学工作，并推动各院院务及各系系务。该项委员会将采取首长负责制，院长为院务委员会当然主席，系主任为系务委员会当然主席。

校务委员会并应沟通院内各系，克服各系的独立性及本位主义。为了避免院级独立性及本位主义，有关各院应经常召集联席会议，交流经验及解决共同问题。而且系务委员会必须经常将本系有关教学情况报告于院务委员会；院务委员会必须经常将本院教学情况报告于校委会。院委会开会时得由校委会派人参加，如此才可以使校委会在教学领导上照顾全面。

本会接受代表会议建议，即日组织大一教导委员会、教师人事制度起草委员会、研究编译及出版委员会等在校委会领导下推进各项有关教学工作。

四　加强行政上的民主管理

本校之中心工作固然是在教学，但是要使教学工作能顺利进行，则有赖于行政效率的提高。要提高行政效率，基本上必须发扬职工的积极性、创造性。因此，必须加强政治学习，确立民主管理与分层负责制度。本会接受代表会议之建议，组织总务委员会，在校委会领导下主持全面的行政工作。

五　促进员生福利

关于本校员生福利工作向由各团体领导，本会在可能条件下，充分予以协助。本会今后仍将贯彻此原则。本会认为员生福利工作应力求自给自足，如合作社及畜牧场均宜逐步达到此目的，但在条件尚未具备前，本会仍将继续给予已有的协助。本校同人子女之教育原属重要之问题，又以本校址处于郊外，儿童教育必须自行解决，故有成志学校之设立。本会认为国民教育应由市政府领导，但在过渡时期，可由教育工作者工会领导，本会将继续供给校舍，已有设备及教员薪给。但因本校经费困难，对于其发展上之需要，无法担负，只能号召同人予以必要的支持。关于同人住宅宿舍问题在过去半年中，基本上已大致解决。但因房屋缺乏、修筑困难，仍有一部分同人未能配租，原则上应由同人间自行互助，解决少数人之困难。关于居住互助办法将由教育工作者工会办理，本会将予以一切可能之协助。

六　大家团结起来建设人民清华

本校目前的中心任务为坚决改造教学，贯彻新民主主义的教育方针。此次代表会议的召开，即在广泛反映意见，集中建议，以达到今后完成此项任务的目的。然学校本身并非政权机构，本次代表会议之性质，亦与任何地方人民代表会议的性质迥然不同。这一点我们愿意强调的指出来。此次代表会议因时间限制，虽尚有若干提案未能取得最后协议，但由于代表们踊跃建议，热烈讨论，且能发动全校师生员工，深入发掘问题，提出具体方案，这不但增加了本会对今后工作的信心，保证了清华的改造与发展，而且使本会了解大家对于校务的真正关心和高度的创造能力。本会今后决将进一步用各种方式与全校同人同学加强联系，同时也希望大家随时向本会提供宝贵的意见，使我们全体清华人员在人民政府的领导之下，尽我们一切的力量，紧紧地团结起来，建设人民的清华大学，迎接文化建设的高潮，努力完成新民主主义教育的伟大任务。

（清华大学代表会议通过校务委员会今后工作方针决议
一九四九年十二月五日通过）

此次代表会议在校务委员会领导之下，经过筹备会积极筹备，由全校大家通力合作，使各提案得以如期完成讨论和协议。经主席团照顾全面的需要，分别轻重缓急，签署审查意见。最后校务委员会充分考虑大家的意见，提出"今后工作方针"的报告，以教学为中心，提高行政效率，增进全校福利，加强团结和领导，以求贯彻新民主主义的教育政策。现在本会对此项报告，表示赞同，全心全意保证大家努力合作，使校委会顺利地进行它所拟定的工作。

后　记

　　以上是我解放之后所写关于大学改造的论文。有一部分是我的经验，有一部分是我的意见。自解放以来，我主要的工作是在大学里。我们经历了这一重要的转变，对于大学的改造抱着信心。但是改造一个旧大学困难是有的。首先是政策把不住，而且自己的立场、观点和方法也都不稳。我们都是在摸索，方向很清楚，道路却不是笔直的。因之，这一年多所写下的经验和意见中必然夹杂着许多缺点和错误。我敢于把这些论文编成一本小册子，是因为我觉得这些记录多少也有可以供给别人参考和讨论的价值，对于改造大学这件工作上也许有点用处。

　　回头看看这一年多我们在大学里所做的许多事情，

虽则有不少是有成绩的，但是也有不少是有偏向的。比如清华的代表会议基本上是成功的，但是所通过的各项工作中，有些却有问题：好像院系各级都拟成立委员会，如果依这个意见做了，在行政系统上可以发生不良的结果。这个意见后来发现了有弊病，所以没有实行。我提出这个例子，目的在表示，在我们摸索前进的过程中，很可能有片面考虑问题的缺点。所以如果有读者要参考这些经验和意见时，务必要用批判吸收的眼光，不然的话，反而会弊多于利了。

大学的改造不但是大学里的人所关心的事，而且也应当是大家关心的事。我也相信只有引起了社会上多方面的关心、督促，以及提出意见，这件工作才能完成。我愿意把这本小册子编出来，也就是想抛砖引玉，多多得到读者们的宝贵意见。

一九五〇年四月二十日于清华园胜因院

[附录]

思想战线的一角
——清华大学思想总结记

"这是思想战线上的一个胜利,是人民的胜利。"艾思奇先生三进清华对思想总结所下最后的一句结论。

"我很累了,像是刚经过三天三夜苦斗下来的士兵。"王怀亮同学用这句话结束他在大课委员会招待教职员座谈会里所宣读的典型报告。

"没有这思想总结就不会发现这半年来政治学习的效果了。""今天我们才见到了太阳,这样光明。""我从此看出来的人都不同了,面目可亲了。我参加了队伍,有了伙伴。""事前谁会相信:思想总结竟是一场大战!"——清华园遍地都会听到这些话,时间是在1月底2月初,清华的思想总结宣告了胜利结束。

可是在十天前情况却大不相同。大部分学生还在大考，考完的不是想回家就在准备寒假作业："思想也可以总结的么？""我包你两小时交卷，要拖一星期，干么？"小组长们也有些发慌："究竟怎样总结法呢？""条件没有成熟呀！""同学们要闹回家，能不能请假？""自愿原则办不通的，不自愿怎么办？"

大楼118号"大课委员会"里却被紧张的空气所笼罩着：黑板上写着"参谋部"、"野战军"的名单，这是特为这次思想总结所成立的"工作组"。23日是"D-DAY"，战事开始。那天之前，一切准备工作都要做好，计划、日程全要发出去。参谋部日以继夜地在忙着开会，打电话，刻钢板，编学习报。

什么叫"思想总结"呢？

"我们这次思想总结目的是在巩固我们半年来政治学习的收获，使大家在思想改造过程中踏稳一步。"大课委员会这样答复上述的问题。"怎样巩固收获呢？把已经学过的仔细温一遍，把已掌握的理论用来检查自己的思想。我们学习的是无产阶级立场、观点、方法，但是我们生活里却还遗留着非无产阶级的思想，我们要运用学得的理论作武器来克服这些旧思想。思想总结就是要在我们学习告一段落的时候，算一算陈账，看我们克服了多少旧思想。

"首先我们要强调的是思想改造是一种斗争，是无产阶级思想和非无产阶级思想的斗争，不是谁向谁斗争。我们谁都有旧思想的包袱，一个人自己要把这些包袱抛去是不容易的，所以我们要大家互助，大家帮助大家用马列主义武器来克服大家的思想包袱。因之，在思想改造过程中，同志们必须在友爱的基础上进行批评与自我批评。"

批评与自我批评是武器，各人身上的思想包袱，也就是旧社会对我们每个人的统治，是敌人，是攻击的对象。这个敌人是隐蔽在每个人的思想里的；堡垒很坚，壕沟很深，我们不但常常放过它，而且常常袒护它。"思想怎么能改造呢？"还有人以为改造思想就是侮辱了他。所以在思想总结前还得明确地说明："在我们思想里还存在着封建、买办、小资产阶级的成分。我们大家或浅或深地时时暴露出个人自由主义，享受的人生观，超阶级的立场，单纯技术观点和个人英雄主义。这些是阻碍我们进步的。我们的社会将向社会主义社会发展，如果我们背着这些包袱不放，就会成为时代的落伍者。那是痛苦的，不堪设想的。因之，我们需要改造。这些包袱是旧社会加在我们身上的。现在政治上已消灭了压迫，经济上也快把剥削制度打倒，我们得到了政治和经济的解放。这还不够，还得在思想上求解放。思想总结就是我们每个人的自求解放。"

怎样进行思想总结呢？这在像清华大学一类的大学里是件尝试，大家没有经验。因之，在做计划之先，还得下一番学习工夫。幸亏清华和马列学院及革大靠得近，逢到困难就得去找老师了。于是大课委员会总结了清华当时的思想情况，求援于马列学院，结果把艾思奇先生请来了。那是在大考之前，对准小资产阶级知识分子那种小本经纪、无远见、无气魄、但求学得一手吃饭本领、得到一个温暖家庭的人生观，开了一炮。这是"艾思奇一进清华"。这一炮打中了敌人的堡垒，很多富于纯技术观点和雇佣观点的学生动摇了，于是展开了一种批评与自我批评的尝试。这是准备思想总结的一次实验工作。在这次实验中得到了许多经验教训，使我们的参谋部有了做计划的底子。

接下去还得打通干部的思想。干部如果对作战没有信心，仗是打不好的。所以在学生们正在大考期间，发动了全体班教员到革大去参观展览室，从展览的材料中去了解知识分子思想改造的过程。参观回来，干部们都跃跃欲试，情绪很高，"可以作战了"。但是清华不是革大，如果不考虑其具体情况，草率从事，很可能有偏向，犯错误。教育部的电话和命令雪片飞来，主要是"慎重"两字。怎样慎重呢？就是分析敌情，考虑实力，"知己知彼"。

参谋部开始分析情况：清华学生一般说来是小资产阶级出身，封建势力不强，买办思想还不深，主要是"想从一个温暖的家庭进入另一个温暖的家庭。有一手本领，到处可以吃饭"。所以"超阶级"、"超政治"的思想很浓，但是这种小资产阶级出身的知识分子是深深感觉到帝国主义、封建主义和官僚资本主义的压迫的，直接的感觉就是出路越来越狭。原来的清华毕业生是不愁没有职业的，但是在解放前的几年，"毕业就是失业"的口号也在这校园里流行起来了。这个客观事实使这个阶级出身的青年们倾向于革命。清华学生在解放前保持着光荣的革命记录，国民党和三青团在学生思想上一直是"非法"的。解放前后，一批一批的学生参加了实际工作，那是进步的一面；但是另一方面，出路不成问题了，小资产阶级知识分子的保守性却已暴露了：重工轻文，重技术轻理论，重业务轻政治等一类偏向曾一度很是严重。"为人民服务是决定了的，学些本领才能去服务呀，政治学来有什么用呢？""反正已经不可能再去为反动派服务了，我们已卖给人民，还要上政治课干什么呢？"自己是新中国主人的感觉还没有很好培养起来。

这个敌人的堡垒，曾经艾思奇先生炮轰了一阵，现在已经缺了口，我们在这次思想总结中要集中火力去占领它。

这个敌人的力量怎样呢？潜伏力是很普遍的，不但是支配着一辈政治觉悟不高的学生，甚至也存在于一部分进步的学生中。这个敌人相当狡猾，化身和伪装的本领很大，把"为人民服务"做挡箭牌。它的工事也坚，深深地躲在繁重的业务课程、分数、考试等等旧有的学制里。

敌我相对的力量在数量上说是这样：进步分子加上积极分子占全校学生的半数；1/4 是对进步有好感，但是有顾虑，没有决心；另外 1/4 弱是"漠不关心"，还在自造的桃源里学鸵鸟埋头沙中，有 3% 到 4% 对思想改造是有抗拒的。从所掌握的武器来说却是很简陋的，除了很少数，一般对马列主义还是初学。半年的政治课里所学得的理论很有限，而且那些不太积极的学生，在有限的课程中所得到的更是一些皮毛。这方面的估计是不应当过高的。但是这半年的政治学习和解放以来国内外形势的日常教育以及几次运动：像庆祝新中国诞生，亚澳工会及亚洲妇联代表来清华参观等，给学生的鼓舞很大，安下了要求进步的基础。

综合起来看，这次思想战役是有把握的，但是决不应估计太高，所以大课委员会的号召中说明：思想改造是件长期工作，我们还只有半年的学习，只是走了第一步。所以我们这次思想总结并不是算总账，并不能希望对旧思想来一个歼灭战。我们所学得的理论还有限，掌握的武器还不太灵活。我们要老老实实，有什么问题是解决了，有什么问题还解决不了，一一的记下来。有问题解决不了并不是丢脸的事。不知为不知就是实事求是。来日方长，我们还要加紧学习。所以在思想总结时，尽力深入，适可而止。批评别人时要一贯地坚持诚恳的态度，互助友爱。不追不迫，不打击，但是不是一团和气，互相隐蔽，怕得罪人，怕人报复。这两种偏向，我们都要警惕的。

参谋部规定作战方针总结成下面八条：发动多数，带动少数。稳步前进，适可而止。友爱互助，实事求是。自求解放，总结进步。

23日是"D-DAY"。学生刚结束大考，离开"艾思奇一进清华"已有两个星期，情绪上已入低潮，所以第一件工作是再动员。22日发出"清华学习"，同时开了一次小组长会议。党团员也开了会，要同大家一起做好思想总结。从教员至同学都已磨刀霍霍，准备上战场了。23日下午"艾思奇二进清华"。思想总结正式开始。这次演讲充分表示了战斗性。单刀匹马，一直冲进最后的一条防线——宗教问题。主要的火力是对准着前一次已经打了个缺口的堡垒。他说："一个人像一块砖，砌在这座大礼堂的墙里是谁也动不得的，但是如果丢在路上，挡人走路，是要被人一脚踢开的。"

阵线拉开，战斗开始。

学生对思想总结还是生疏的。所以最初是在各互助小组里展开漫谈，首先问问自己思想中是否还存着小资产阶级的个人自由主义、享乐主义、英雄主义、超阶级观念、技术观念、温情主义、剥削意识、狭隘民族主义、知识分子的优越感、轻视劳动、看不起群众等等。漫谈时要注意两方面：一是比较，一是分析，两方面要同时运用。比较地看自己现在的思想和过去的思想有什么不同，起了什么变化，再看自己和别人在思想上有什么不同。进一步要分析：为什么有以往那一套思想，为什么会起变化？为什么促进了这些变化？为什么我这样想而别人不这样想？在分析时就要运用已经学得的理论作武器。看看哪些想法是不正确的，不合无产阶级的立场和方法的。掌握了多少理论就分析到什么程度，这样就可以使所学得的理论和自己的生活结合起来了。分析时要力求深入，一步一步地追问：为什么旁人有那样进步？自己也有进步么？为什么自己进步慢而旁人进步快呢？为什么在一个时期里进步得快而在另一个时期里进步得慢？这样可以把这一年来的思想变化找出一个道理来，自己搞明白了，也就可以使自己在理论上踏稳一步，把已有的进步巩固起来了。漫谈里所进行的这番批评与自我批评，写下来就是自己的思想总结草稿。

三三两两的漫谈普遍地在校园里进行：大礼堂的铜门前，旗杆石旁；墙头、河边，空气逐渐在紧张起来了。图书馆里专为思想总结开辟了两个阅览室，专门陈列有关思想总结的书籍、报纸，主要是革大的《思想反省笔记》，那本小册子拆散了，每篇钉在一起，分放在各个桌子上。图书馆里比考试时更拥挤，而且出出进进更显得热闹。为什么出出进进呢？在图书馆里是不能谈话的，而在自己反省时却最需要和小组里朋友谈。所以看了一回，想着了什么，匆匆忙忙地出去找小组了。

同学们在进行漫谈时，干部们却忙着布置典型和写墙报。什么是典型呢？就是活的模范，现身说法，在群众面前宣读自己的总结。这些模范不但在分析时要比较深入，发生启发作用，而且要有代表性，发生带头作用。大会委员会起初还担心同学们不习惯总结自己思想，所以想以教员来带头。在过年时《人民日报》上就发表了费孝通、吴景超两位先生的总结文章，接下去又有冯友兰先生的自我批评。这几篇文章在同学中起了一定的作用。老师们都写了，还有什么顾忌呢？这些文章也是"典型"的一种，但是还不够，文字不及当面报告为亲切，而且最好是和同学们思想情况相类的自己人出来作典型，效果才更好。典型要经过发动、培养、帮助的过程。所以需要一番工夫。

要发动群众，主要是要从群众里自己发动起来，专靠从上而下的号召是不够的。这次思想总结行政上的领导是抓得很紧，从教育部、校委会，到大课委员会一直很密切地注意这件事的发展。校委会发过两次号召，大课委员会每天有大字报指导战局。但是真正把群众情绪发动起来的是各班各组的小墙报。在宿舍里花花绿绿、各式各样的墙报贴满了。这些墙报的特点是具体的小消息，有名有姓，本班本组里熟悉的人所说的话，所做的事，具体亲切。群众的创造性是可以信赖的。譬如在图书馆门口营建系的小墙报，不但画得生动美观，而且把小组里怎样漫谈的情况原原本本地记下来，大家看了就知道怎样学着做了。

"开始动了。"这是 24 日那天的情况总结。

25 日上午，大课委员会从革大请了两位清华的老同学回来作全校性的典型报告。这两位同学离开清华还不到一年，大家是熟悉的。他们报告了怎样一步一步地克服自己的毛病，决心为人民服务。这两个报告在大礼堂里进行时，不但礼堂里鸦雀无声，就是用电传声的五个教室里也严肃得一片沉默。"每一句话都说到了自己。""像站在一面镜子前，赤裸裸地看到了自己的真面目。""那是不好受的，弄得自己啼笑皆非，悔恨交集。"

艾思奇打出了的堡垒缺口，两位老同学直钻进去，丢了两个手榴弹。眼看敌人一个个倒了下来。有一个同学在总结时说：他原来不打算做思想总结的。那天一早就预备进城送他的女朋友南下。但是刚踏上校车，想起了艾思奇的演讲，自己要成为路上的砖头了，所以硬了头皮又回来。许多同学一听了老同学的典型报告，身上冷一阵，热一阵，斗争得凶。听完出来，像是一块石头沉了地，发现了自己过去实在不是东西，心里豁然开朗，立刻去找他的朋友。一交谈，那位朋友诧异地说："你怎么变了？"他说："是呀，不但我变了，我一直在想起你，非叫你也变了，我才痛快。"他结论说：自己明白了，对不明白的朋友真是心急——就是这个力量，群众中像潮水一般地展开了自觉运动。一个推一个，比什么都有力，都快。

这天天气眼看不同了。同学们自己来找干事和班教员要做典型报告。有的说：小组里做典型不够，一定要开班会。我们的阵线上已吹出冲锋号,像风一样地卷向我们思想里的敌人。

严肃和紧张的空气一直侵入了饭堂,杂话和笑声都没有了,同学们匆匆地进来,放下筷就走。"大考时都没有这样的情况。"晚上,像靠了岸的军舰般的宿舍里,到了深夜,电灯熄了,还是一方方地透出微弱的烛光,有的竟是通宵。汇报里有这样一个小报告:一个同学半夜里爬了起来,伏在桌上写,天亮了,一个人骑单车在校园遛了一弯儿,别人一看纸上只有四个字:"思想总结"——哭泣的声音,在宿舍的一些角落里传出来。从旧社会里脱身出来,获得新生是好一件严重的事,是一个痛苦的过程!

有一个请人替考入学的同学,一直把这件事隐藏在心里,坐在人群里一次一次听着别人摆脱了旧社会的统治,解放了。他羡慕别人愉快的笑声,但是自己却紧紧地被魔鬼扼住了喉咙。魔鬼和他说:"你坦白了,就得开除,一生完了。"他没有力量挣脱,想到前途,想到出了学校怎么办,想到给旁人知道了这件事多丢脸。一天到晚像是坐在针毡上,熬着,痛苦,睡不着,吃不下饭。最后,他勇气来了。半夜里到组长房里,打着自己,痛哭了:"你们都在天堂上,我一个人在地狱里,我苦死了。"他求救了。友爱互助,大家伸出手,把他救出了地狱。他不敢相信，世界上有这样伟大的爱。他哭得更厉害。他自请处分，为了爱护人民的纪律，愿意开除。他自己坦白：在日本人统治时间，进过一贯道，入过青洪帮。在他身上大家看见了旧社会对一个青年人怎样残酷，连灵魂都被腐蚀了，但是新生的力量解放了他。大家要帮他，培养他的新生——思想总结是活生生的，是有血有肉的，是每一个青年的自我解放。

班组的典型报告到处在进行，生动的场面太多了。26日晚上工作组还在汇报时，一位班教员推门进来，一双眼睛还是红红的，显然是刚刚哭过。

"怎么了？"

"我刚到班里，他们在唱《国际歌》，歌还没有唱完，大家哭了，我也哭了。"

原来这班里有两位个人主义特别强的同学，一直面上和气，心里嫉妒，像是冤家。这次思想总结里把这个小资产阶级的恶疾坦白了，两人抱头大哭，从此大家都互助勉励，为人民服务，冤家顿时成了同志。说来是不易的，但是这是没有半点虚做的事实。

"我们见到了太阳！"是心底里说出来的话。

再说个事实吧。北京粮老虎的儿子一直想念他的父亲，认为人民政府把他父亲拘起来是不公平的。家里财产充了公，总有些心痛。做思想总结时回了家，后来又觉得不好,所以回校打算马马虎虎交他一篇了事。但是一回到小组里,心情完全不同了。他反省了,他分析了,他发现了自己的看法不正确了,他认得了人民的立场,他看出了他父亲是剥削人民,是人民的敌人。他自我斗争得好激烈,最后他搞通了,把自己投入人民的怀里。只有四五天,他在招待教职员的座谈会上宣读了自己的总结。

伟大的时代教育了一切青年。

思想总结发展到了最高潮,好一场恶战!

最后一段是小组听取各人的总结报告,加以批评,写出评语。27日大课委员会发出"胜利结束"的号召。

一个群众发动得好是一半,收束得好也是一半。阵地要巩固,情绪要安顿。大会委员会提出了"巩固战果,提高理论"的口号。在这次总结中,大家充分觉悟到了"情绪高,理论低"的苦处。"不上战场不知道武器的重要。"在小组中大家争着暴露,敌人是看到了,但是枪打不出,打出了也打不中。理论不足,说不出个道理来。眼看敌人逍遥地走过。这时发生了"请医生"、"挂号"的现象,把几个理论较高的同学忙得团团转。不但班教员成天在学生宿舍里走不开,甚至"总指挥"都上了前线去突击。"理论就是武器"这时才得到充分的认识。这次经验明确地指出了今后的方针:"提高理论。"

大课委员会布置了两个压场节目：一是映出"俄罗斯问题"，二是"艾思奇三进清华"。

4日晚上，艾思奇先生刚在台前露面时，震屋的掌声迎接他胜利的微笑。从来没有过这样亲切，讲者和听者之间从来没有过这样心心相印。

"这是人民的胜利！我们攻克了这一个堡垒！"说出了每一个人要说的话。

他指明了这次思想总结的成就："首先是提高了做新中国主人的觉悟。第二是学会了用阶级分析来看问题。第三是环境改变了，人和人的关系也变了，大家是一家人，团结互助，每一个新中国的主人间就是这种关系，这是工人阶级的感情，亲爱团结，创造人民的事业，为人民服务。清华已是新中国的学校，我们要把这种感情普遍到全中国去。"

为什么这次思想总结能搞得好的呢？"那不是哪一个人的功劳。基本的原因是人民解放军的胜利，造成了这一个事实，使知识分子有了转变的基础。其次是全国学习高潮，带动了我们。思想是事实的反映，现实改变了才有思想转变。知识分子之觉悟转过来又影响了事实。半年来的政治学习起了作用。思想总结的胜利是过去日积月累的结果，不是凭空掉下来的。这次总结中，党团的推动，每个人的努力，有它主观的条件。再加上马列学院、革命大学的协助，北大、师大、燕京的积累，在清华达到了高潮。我们要感谢他们，一校的成绩就是大家的成绩。这胜利是群众自己创造的，群众才能创造历史，个人的作用是很小的。"

最后他勉励同学："巩固成果，坚持进步，认清真理。"

大课委员会最后宣布："思想总结胜利完成。"

我们在思想战场上打了一个小小的胜仗。

（一九五〇年春节于清华胜因院）

理论与实际一致和课程改革

教育改造的原则之一是"理论与实际一致"。这是共同纲领第 46 条所明确规定的。我们的问题是怎样去实行这个原则。在讨论课改时,也就是要在大学的课程安排和课程内容以及课程进行(即是教学方法上)怎样去贯彻这个原则。在我个人所参加的各种讨论会,以及在会外的各种谈话中,我深深感觉到,这里还存在着许多不同的看法。为了帮助课改工作的顺利进行,我认为在这总原则上还得展开讨论,使有关各方的意见能一致,然后贯彻和坚持时也可以减少阻碍。

一

"课堂上学的东西,拿出去没有用。这是因为理论与实际不一致。因之理论与实际一致的标准就是将来要用什么,课堂上就应当讲什么。"——这是一种看法。这种看法自然是对的。"学以致用"基本上完全正确的。问题是在什么叫"用"。

"用"本身是有阶级性的。我们批评过去大学里所学的没有用,是从人民的立场来说的,所学的对于人民没有用。在反动统治之下,权力操在反人民的阶级手里。他们要造就的是为他们所用的人材。如果一个人学到些能为人民所用的,不是得不到实用的机会,就会遭到迫害。

资本主义社会的发展本身产生消灭资本主义的因素。在文化教育方面说,资本主义社会掌握了较高的生产力,利用了复杂的机器,社会分工发达,机构庞大,所以需要大量的技术和管理人员。这些技术和管理人员需要较高的文化程度及专业训练,因之产生了普通性质的大学和专科学校。这些大学和专科学校造就社会中一层被雇佣的知识分子。这些知识分子和无产阶级结合了,在推翻资本主义社会的革命事业中起着一定的作用,而且在革命胜利后的建设事业里也占着重要地位。

他们是在资本主义本身的矛盾中生长出来的。

资本主义社会的统治者资产阶级并不是不过虑到这个矛盾。以我比较熟悉的英国来说，他们的教育中一直是分着"贵族"和"平民"。统治阶级要教育他自己的承继者，同时要训练一批为他们所用，或所雇佣的技术及管理人材。这是两种教育。阶级分化的社会中，不可避免的发生了两套教育。统治阶级的子弟并不进普通学校，他们从哈罗或伊顿，进入牛津或剑桥。这些学校不但学费高，而且名额有限，必须很早预定，甚至刚出生的孩子就得报名。这些学校的教育是强调政治意识，也就是统治意识，在文化程度上用工夫，而其他普通学校则着重于技术训练。在英国那种有长期统治经验的资产阶级，在这基本立场上是毫不放松的，而且很巧妙的安排好这两套教育。

在半封建半殖民地的旧中国，教育也是配合着它的社会本质的。在封建主义的立场要贯彻的是愚民政策。封建主义不需要有较高文化程度的人民，人民的文化高了就会威胁它的维持。殖民地的统治者帝国主义要向殖民地输出资本来办工商业，所以要有大量的买办，和有相当技术的工人；而且为了要推广它的商品，也得培养一批能消费它商品的消费者，比如要使电影院里有观众，这些观众也得有相当的文化基础。因之，帝国主义者鼓励着殖民地的"教育",一方面是买办教育,一方面是"平民教育"。教会学校能捐得着钱,庚子赔款能退回来办大学,以及晏阳初的平教会能得到罗氏基金的投资,并不是偶然的。这些教育没有"用"么?从帝国主义立场上看来是很有"用"的。

帝国主义在发展为他们有用的"教育"中,也提高了殖民地人民大众的文化程度和现代知识,使反帝运动中得到了有力的武器,所以这是个辩证发展的过程。当我们旧教育中发生了反帝反封建的力量时,封建买办所结合成的官僚资本主义就展开了法西斯的教育。这一个历史过程在中国看得很清楚。我在抗战时期在云南从事教育工作,亲身经历和反抗这种反动的倾向。

以陈立夫所代表的法西斯教育表现在两个基本政策上:首先是实行"两套教育",一方面是训练直接为官僚资本家服务的政治人员的"中央训练团"、"中央政校"、"中央军校"那一个系列;另一方面是在普通大学中加强技术训练,而一贯的限制和打击一般文化及政治教育,并提倡唯心论的哲学来麻醉一般的青年。他们所以这样做,是因为中国过去的教育所包含的进步性已在革命的形势中逐渐抬头,威胁了反动势力。他们要"为我所用"来训练一批反动势力御用的工具。法西斯主义向教育进攻曾引起了进步势力的反抗,在抗战时期的后方，这段斗争是有历史意义的。那时的西南联大被称为"民主堡垒"，基本的意义，就在它和法西斯教育的斗争上，而以闻一多先生的殉难为最高峰。

我们对过去旧中国的教育应当从社会本质及矛盾发展的过程中给它适当的估价。封建、买办及法西斯的因素必然存在的，而且一开始这个反动因素是极强大的，但是就在这过程中也发展了进步的一方面。科学，民主，甚至早期的马列主义，都是从这种教育中生长出来的。因之，我们如果全面的肯定或否定旧教育同样是错误的。如果说现在大学教育不需改造，那就姑息和维护了反动的因素；如果说现在大学一无是处，毫无用处，一样是抹煞了可以作为改造基础的进步因素。比较确当的看法必须是批判的。在这一点上，高教会初次的课程暂行规程中所定：取消反动课程，加强马列主义课程，及逐步改造其他课程的原则是极适当的。

高教会所宣布的原则就是采用批判性的。其所以如此，就是说，现有课程中有一部分，分量上并不是太少的，是对于人民有用的。这里所谓"有用"是从阶级立场来批判的，并不是从狭窄、短视的个人或任何个别单位的"实用"来批判的。

二

上节里所讲的"用"是很广义来说的，就是说旧有的教育中是有着能用来为人民服务的部分。在这点认识上，旧有的大学才有继续维持，逐步改造的根据。但是这种说法一般会觉得太笼统了。在大学里学习的青年最关心的却是更具体的用处。要求答复的是学到的知识怎样用到具体的工作上去。"理论与实际一致"认为就是课堂上所学到的出了校门就可以应用在自己的工作岗位上去。比如出了校门要驾驶汽车，课堂上就要学会怎样驾驶；要管理哪一种机器，在课堂就要学会怎样管理哪一种机器。这种看法怎样发生的呢？

在解放初期，每个大学里都有相当数目的学生加入了革命工作。当时革命形势的急速发展，需要大量知识青年来充实日益扩大的干部队伍。在号召和鼓动的过程中自不免强调了学校教育的落后性。青年们刚从黑暗的反动势力中解放出来，狂热的心绪很自然的高涨了起来。本来前进的很有些急不可待，渴望着把自己的力量立刻应用出来，参加队伍。这是可喜可爱的现象。但是多数的青年学生还得留在学校里，在说服他们，要他们留下继续学习的理由，就是建设事业需要他们，于是很自然的发生了现在在学校里所学的出去就能用得上么的问题。这问题发生得也是好的，因为就是这个问题推动了学校的改造。

在答复这问题时却有了不同的看法。每上一课，每念一书，如果都要问：将来用得上么？答案是很难得到的。这问题分析起来包括着：将来出了学校将做什么事？这些事需要什么样知识和准备？所需要在学校里准备的是应当具体到什么程度？学校的任务是否在培养一出校门就能在一个工作岗位上负责工作的人材，或是说生产制成品，还是一种加工性质，具体的工作技术还得在工作岗位上去学习的半成品？这个问题实在已深入到大学的任务了。当时在学生中流行的看法是要成为"制成品"。因之，凡是到工作岗位上去用不到的知识和技术就认为"无用"了。所以对于"本国语文"、"外国语文"、"中外历史"等课程很多就要求"解放"，甚至在政治课开始时遭遇着"政治课和业务课矛盾"的抗拒。

在当时大学里"纯技术观点"的发展有着肥沃的土壤。急切要求参加具体工作是一方面，这是在进步的学生中发生的。另一方面是落后的学生，"以后一定得靠本领吃饭了"。以往还可以有恃无恐，回家有老米饭可吃；现在可不成了。而且要想逃避政治，"有一项本领，不论谁当政，总有饭吃"。为了个人前途打算，也得抓紧一项技术，吃饭本领。在这些思想情况中，又加上许多从解放区回校的老同学,带来了一句相当普遍的结论:"在实际革命中并没有上课室里所学的那一套。白费了多少可贵时光。"这个结论自然是经验中出来的,原有大学中的课程缺点本来多,尤其是和中国实际情况脱节上更为显著,加上了农村中搞革命,和课堂上所学的距离自然更远了——这个情况中,学生对于旧有课程的反感是很深的。最严重的情形是一方面"抢购"有技术性的课程,另一方面"解放"和技术关系较浅的课程。

这个情况后来是纠正了。"纯技术观点"也部分的减少了,比如对政治课的重视,对理论课程的认真,都逐步走上了正轨,但是这并没有取消了怎样主动的使课程和实用结合的问题。学生群众把问题提了出来,他们自己固然是无法解决,有了偏向,但是这个问题是必须解决的。

三

校方主动的要具体解决"学以致用"的问题,就必须先找出学生们将来要到哪里去服务。这问题不但学生不能答复,学校本身也不能答复。过去的大学是盲目生产的,是无政府的经济。要有计划的生产,就必须先接受定货。根据定单才能配合生产过程,制定课程计划,于是进入了课程改革的第二阶段。

各建设部门需要干部是很急的，因之各大学要找定单并不困难。但是这里却又发生了困难。首先是现在各项建设还没有到有计划的程度。缺干部是个事实，但是缺多少，尤其是在几年之后，会缺多少什么种类的干部，却不容易答复。这问题实际上还不严重，因为反正是供不应求的，建设的发展只会加速，大学这样少，出品这样慢，不会发生有货无处销的困难，至多不过是不分缓急，生产和分配得不太合理罢了。

　　严重的问题是在所定的货，在现在大学的制度和设备中不易制造。在一个建设有了规模的国家，各项事业都有着较长的历史，累积着经验，所以他们向大学吸收的干部并不是"制成品"，而是"加过工的原料"。他们并不盼望大学给他们专门人材，而是可以在实际工作中提高成专门人材的高级原料。每个机关，每个工厂对于新进来的大学毕业生是先要在实际工作中加以训练之后，再放在负责的工作岗位上去的。但是我们却并不如是，我们的遗产少，一切都在创造过程中，如果大学里不能培养专材，出去了就更为困难。因之，建设部门所需要的却是相当专门的人材，最好是能独立掌握一行技术的人。技术差一些倒不要紧，最怕是空有理论，到了具体工作上没有经验。

　　于是在别国不成问题的，到了我们目前却成了问题，大学里能不能适合各建设部门的需要呢？老老实实的说，是很有困难的。第一，大学里就没有具有各行各业实际经验的师资。第二，大学里没有这些设备。第三，一旦要很专门的培养高级技术员，门类就太多了：汽车工程和火车工程不同，造桥工程和造路工程不同，劳动保险和劳动保护不同，人口普查和工厂普查不同。一行一行的培植专材，一个大学固然无法照顾，就是全国大学统筹分工，还是有问题的。第四，大学的期限并不长，而且在目前急需干部的要求，只有减短不会能增加，如果要这样专业化，势必把许多基本课程简化，在很狭窄的科学基础上筑上一个专业的塔尖，出门之后对于所做的工作是否能发生提高及创造作用是很成问题的。

或者可以说，最适宜于培养现在各建设部门所急需的专材可能不是大学，而是工厂或机关附设的专科学校或训练班。但是又有人问了：大学还有什么用呢？把大学改造成专科学校和训练班，不是更切实么？

在这里我觉得实在已牵涉到"理论与实际一致"这个原则的了解问题了。"理论与实际一致"并不应当解释成狭窄的实用主义，这可以说是杜威"实验主义"的遗毒。"理论与实际一致"是要一切理论都从实际中得来，而又回到实际中去发生提高作用。大学教育和专科教育有差别的。专科教育是培养能掌握某一种已有的技术，而大学教育却是要能养成用理论去运用技术从技术中去提高理论，转回来改进技术的能力。因之，大学中主要的是理论学习，实习实验都是要使学生更能掌握理论，为了要加强其理论学习，所以要提高文化水平。在大学中要打下广大的科学基础，然后使他出了大学从事专门业务时，能应用科学方法去处理问题。

从这个看法中，大学不能培养出一出校门就能管理机器的专材并不是严重的缺点。过去的大学最大的缺点反而在没有很好的理论学习。课程里缺乏有系统的理论教育，以致出去的大学生在理论并不比专科学生甚至学徒为强，而技术上又是一无所长。现在的问题，是扎扎实实的进一步在理论上用工夫呢？还是退一步先求技术上取得一行本领再说？

以实际情况来说，进一步是困难的，退一步却比较容易些。所以以一般现有大学来说，退一步成为专科学校或训练班的确是可以考虑的，而且以当前建设需要来看，大量技术干部的培养是必需的急务。这件工作对于建设的需要是很大的。但是这并不是说我们可以不必有大学了。真正合格的大学，就是能负起理论训练任务的高等教育，还得由我们大家努力。不论现有的教师和学生都得向上提高一步，我们才能有名副其实的大学。更进一步说，和实际结合的理论必须要在自己社会中生长出来的。只有在严重的阶级斗争中才能发生社会科学的理论，只有在尖锐的自然斗争中才能发生自然科学的理论。生产力的不断提高才是提高理论的条件。我们过去在半封建半殖民地的社会中本来是不容易有现代科学理论的。过去大学向国外去搬来的那一套所谓"理论"其实不过是些和实际不一致的教条。现在我们已经有了自己丰富的革命经验，接着将有丰富的建设经验，客观上已经有了我们创造和实际一致的理论的足够条件。如果我们努力，我们是可以建立起自己的科学的。

我们现有的科学是很贫乏的，但在这贫乏的基础却是发展的起点。如果因为它贫乏而不满意它，取消它，那是一种损失。如果以这点基础沾沾自满，不求发展，那是狂妄。所以说现在的大学没有用处，不如全部改成专科学校也是过激之词。比较最妥当的是减少现有大学的数量，经过了一个时期，再逐步的扩充。

现在可能已到了更明确的规定大学性质的时候了。在规定大学性质的时候，对于理论和技术的区别和关系的看法是很重要的。我们希望即将召开的高等教育会议能给我们指出一个正确的道路。

（一九五〇年五月十六日）

教育者本身的教育

——记首届全国高等教育会议

> 有步骤地谨慎地进行旧有学校教育事业和旧有社会文化事业的改革工作,争取一切爱国的知识分子为人民服务。在这个问题上,拖延时间、不愿改革的思想是不对的,过于性急、企图用粗暴方法进行改革的思想也是不对的。

首届全国高等教育会议主要的收获,用一句话来总括,就是学习了上面所引毛主席最近给我们的指示,而且在事实中体验了毛主席指示的正确和伟大。新民主主义的文化教育政策,共同纲领已经规定得很明白。高教会议的任务是在确定怎样把共同纲领所规定的政策具体的实现于我们的高等教育,也就是要决定高等教育改革的具体步骤。长期的准备和11天的会议,基本上完成了这个任务,不但明确了共同纲领所指出的方针,而且一致的同意了改革的步骤。

一致的基础

从来没有过这样一个场合,聚集了这样多来自全国各地的高等教育的工作者:从哈尔滨到广州,从兰州到上海,纵横万里的大陆,每一个高等教育中心都有了代表;他们为了同一的目的,讨论了共同的问题。这一件事实具体的表现了新中国的统一。有人还为了会场里没有台湾的代表而觉得这个会早开了几个月。

"像是回到了家里",新解放区的朋友们拉住了我们的手不放。有一种力量凝合着每一个人的心,离散多年的兄弟们团聚了,又觉得这个会早该开了,开得已经太晚了似的。是的,地有远近,解放有先后,文件里也还用着新旧的字样,但是这种种抵不过每个人心头的一致,那反映了新中国伟大统一的意识;大家感觉到一致的方向,一致的任务,一致的希望和一致的信心。

基本认识上的一致是这次会议的基础。没有人觉得现在所有的高等教育不加以提高和改造是能配合得上革命形势的发展的。旧社会所遗留下来的高等教育基本上是反映旧政治经济的，在教学方法上有理论与实践脱节的缺点，而且学生中的工农成分极少。不经过改革是不能符合国家建设需要的。老解放区的高等教育在革命运动中长成，教学的内容和方法固然适合实际的需要，理论与实际结合得比较好，但是还得在原有基础上提高一步，才能适合建设现代工业国的需要——一致的认识就是新民主主义的高等教育还要大家努力来创造。虚心研讨，谨慎擘划，使这次会议终于得到了具体的收获。

争论为了团结

团结与斗争原是一回事，一致的目的和分歧的意见并不是矛盾的。每个人经验的范围是不同的，因之对于同一问题可以有不同的看法。但是要有一致的行动就必须有一致的看法，从不同的看法达到一致的看法，从局部到全面，从错误到正确，必须经过一番斗争。这种斗争是为了团结，也是团结所不能少的步骤。因之争论愈尖锐，愈深入，所达到的团结也必然愈巩固，愈坚强，这是民主协商之所以可贵。这次高等教育会议里充分发挥了这可贵的精神。

高教会议中所以能展开热烈争论；是一年来革命形

势发展的结果。经过这一年来人民民主专政的政治教育，以往对新民主主义的误会与隔膜已经消除。对人民是民主，对反动派是专政，这个基本道理已经明白了，因之，主人翁的感觉很快的培养了起来；又经过各级人民代表会议的鼓励，大家已认识到"知无不言，言无不尽"是对人民负责的精神。在遵守共同纲领的精神下，每个人有责任陈述他的意见。高教会议中自由讨论，追求真理的热烈，也表示了新的学风正在发展。

更应当指出的，对于高教改革问题的讨论和争辩，并不限于会内的代表们。在会议前，在会议进行时，各大学的教师们，有经验的专家们，以及和高教有关各政府部门和各机关，不断的以座谈会的方式或在报纸杂志上写文章，大家发表了意见。因之，高教会议并不只是一个专业会议，在一定程度上是一个改革运动的开始。很显然的，在自由讨论的民主风气号召之下，会议之后，这一类讨论和辩论还是会更扩大和更深入。也可以预料的，这样的思想交流必然会形成一股向前推动的力量，团结一切爱国的知识分子积极的为改革旧教育而努力。

"这种作风是不是好的呢？批评了政府提出的草案是不是反动呢？对别人意见的辩驳是不是会得罪人呢？"有人还有这样的怀疑和顾忌。毛主席在《反对自由主义》一文中已经明白告诉了我们："明知不对，也不同他们作原则上的争论，任其下去，求得和平和亲热。""保持一团和气。""当面不说，背后乱说，开会不说，会后乱说。""事不关己，高高挂起，明知不对，少说为佳，明哲保身，但求无过。"——这些自由主义的表现，我们必须坚决反对的。中国的旧知识分子所中自由主义的毒很深，现在能在会中或会外公开发表负责的意见，说明爱国的知识分子正在摆脱遗毒。这是进步，决不是反动。当然，既是争论，所发表的意见不可能全是正确的；我们民主的习惯还在开始培养，言语之间也不可能全是恰当的。但是"言者无罪"的原则就使上述的怀疑和顾忌成为不必要的了。

纠正了偏向

思想的发展是一个辩证的过程：从正到反又到合。高等教育方针任务的讨论是一个很好的例子。现有高等学校85%是从旧社会里承继下来的。旧社会是一个半封建半殖民地的社会。教育是社会政治经济的反映，所以旧教育在本质上是反映旧社会的。以封建性说，"学而优则仕"，学校是培养官僚的；以殖民地性说，"洋气才是神气"，学校是留学生的准备机关。从这方面看去，

"造就资格"成了高等教育的任务，于是"混资格"、"混文凭"、"混学分"、"考试作弊"——这一连串的现象也在学生里发生了。半封建半殖民地的社会是倒退的，生产萎缩的，所以就是混得了资格，逐渐也会混不到饭碗。这样发生了"毕业就是失业"。

把旧教育看成完全是一堆腐烂的垃圾，那是不对的。半封建半殖民地社会里的人民富于革命性，知识分子又常是革命的先锋和革命思想的传播者。新民主主义革命先驱的五四运动就发源于高等学校里具有初步共产主义思想的知识分子。30年来的澎湃的学生运动对高等教育不能没有影响，但是反动统治的高压和打击是严重的，旧教育中对人民有利的合理成分经过了很艰苦的斗争才保存了下来。

革命胜利了，高等教育的任务必须重新确定了。以往在半封建半殖民地社会中为统治者服务的任务一定要改变为现在新民主主义社会中为人民服务的任务。这是方向的改变，最主要，也是最基本的。方向是扭转过来了，我们是不是可以把过去的一笔抹煞，从头做起呢？那却又不成。社会是发展的，没有昨天也就没有今天；没有今天也就没有明天。于是文化教育事业并不像政权一般可以一下改过来，而是要很细致的逐步有计划的改造。文化教育是属于意识形态的范围，在革命运动中它最先反映了革命的要求，宣传了革命的思想，但是它本身的改革却是最后的殿军，政治经济有了深入的改革，这个社会事实才会推动文化的彻底改革。这是一个客观规律。但是现在知识分子的成分却以小资产阶级为主，小资产阶级有它狂热和性急的倾向。因之，在文化教育的改革中，偏向是极可能发生的。毛主席最近的指示是每个文化教育负责的人应当时刻警惕的座右铭。

在否定旧教育的教条主义的过程中，又发生了另一种偏向。那就是藉口为实际服务，而抹煞有系统的理论研究的重要性，把教育工作和科学工作降低为只见树木不见森林，只问此时此地不问长远需要的倾向。这就成了狭隘的实用主义了。

旧教育的必须改革是应当坚决肯定的。它的教育内容的脱离实际也是不容否认的。问题是在怎样把旧教育中可以对人民有利的合理成分和实际需要结合起来，发挥它的作用；更从和实际结合中去提高理论，使我们中国的科学能自立起来，不再依赖外国。这显然是长期的工作，不向这方向前进，永远不会达到；太性急了，欲速反而不达。

经过了多方面的、深入的、详尽的讨论，高教会议取得了一致的结论："我们的高等学校的目的应该是以理论与实际一致的教育方法，培养具有高度文化水平，掌握现代科学技术的成就，全心全意为人民服务的高级建设人才。"

为生产建设服务

在讨论高等教育的方针和任务时，参加讨论的人全都深切的认识到，当前经济建设的开展中，已发生了相当严重的缺乏干部的困难。这是我们胜利的困难中的一部分。我们过去工业的落后限制了专门技术人才的培养和保养。高等学校中虽则有工程教育的部分，但是一方面是不能切合实际的需要，另一方面也不能得到适当的利用。整个教育体系中，中等工业学校特别不发达。因之，当我们认真的要有计划地发展工业时，必然发生干部缺乏的困难，而且我们很可以预料的就是工业技术干部的需要必然会一天一天增加，而培养这种人材的力量却相对的赶不上去。"文化教育的发展赶不上经济建设的发展"，即将成为一个严重的问题。这个客观形势也是造成上述的狭隘实用主义偏向的一个原因。

我们当然有理由可以说培养大量中等技术干部并不是高等教育的任务，买货色走错了铺子。但是，客观的事实是：一时要兴办许多中等技术学校，在师资和设备上都有很多困难。如果我们不能解决当前的急迫任务，工业建设会受到不利的影响，高等教育所培养出来的高级建设人材也就没有了用武之地。简单的事实摆在我们眼前：现在的大学是最适宜于做这件事。也就是说，要由大学来兼办较短期的专修科和训练班。

在争论高等教育的任务时，一般的意见是反对把大学降低为技术专修科的，但是这并不等于反对由大学来兼办专修科。这一点必须弄明确。因为当前急迫的需要而改变高等教育的任务是不好的，但是利用现在大学一部分师资和设备来协力解决当前经济建设中的困难是完全应当的。一方面肯定大学的任务，一方面委托大学兼做一件新的任务，那是并不冲突的。所以一致的意见是"在各大学各学院添设必要的系和设立切合实际需要的专修科或训练班"。

培养大量中等技术干部并不是短期的事业。中国是一个大国，要从农业国变成工业国，所需干部的数量也是惊人的。现在全国大学设备有限，学生只有13万，每年毕业的只有3万，即使全部变成专修科学生还是微乎其微。所以拉长了看，中等技术学校是必须广泛的建立起来。三四年后经济的条件是可能就有了，但是师资却不能不在现在就着手准备。谁来准备？那又是大学的任务了。大学是老母鸡，带出一批小母鸡，小母鸡生出大量的鸡蛋来，在过渡时期不妨由老母鸡直接生蛋，虽则不太经济，但是可以应急。

在大学里设立专修科或训练班的原则是确定了，但是怎样执行，还有许多要解决的具体问题。专修科或训练班注重质量，而现在大学的原有设备却并不适合这种要求，尤其是宿舍成问题。希望负责经济建设的当局能把人材的培养看得比添置机器更为重要，在各大学执行这项任务时能替他们解决具体的困难问题。

推动了课改

最后我想说一说高等教育改革的步骤问题。文化教育是思想工作，工作者的脑筋就是主要的生产工具。高等教育的改革基本上必须是教育工作者思想的改造。以往所遗留下来的不正确的立场、观点、方法必须逐步的纠正过来，然后把新立场，新观点，新方法贯穿到他所教授的课程中去，这是课改的基本过程。要促进这个过程还得创造许多必要的条件。比如要使教学内容理论与实际一致，我们就应当使教育工作者有充分机会和实际接触。这一点在这次高教会议中已有了初步的开始，就是学校和业务部分已有了接触，在一起讨论问题的机会，这种机会必须继续和扩大。假期实习师生一起进工厂又是一个很好的开端。又比如教学内容要改造，必须群策群力，由教授同一课程的教师一起来研究。关于这一点这次高教会议也有了很好的决定，就是在校内成立教学研究指导小组，更将从主要课程入手，集合各校教师会商教授提纲和编纂教材。去冬"新民主主义论"讨论会的经验是值得取法的。再比如各大学推荐教师入革命大学学习，上半年已经实行，这次高教会议中很多代表都要求扩大这个办法——教师的改造是课程改革的基本步骤。

在课改的过程中，把各系课程分别做了一番检讨是极需要的。尤其看到现在学生学习情绪的提高和学习负担的加重，课程必须作一合理的安排，把不必要的课程减少些，把重要的课程更有计划的规定一下，这就是课程的精简。要精简就必须先确定各系的任务。过去一年的经验，因为精简没有原则，没有计划，部分地发生了可简即简的现象。这次高教会议在这方面工作做得最多，也可以说最有成绩。关于全校、全院、各系的必修课程经过了无数次的会议和争论，最后完成了重要各系的课程草案。当然，在各大学实际情形很不平衡的情况下，要大家按照这草案来实行是不可能的，所以这个草案是指导性的，明确了各系的任务并指出一个改革的方向。各校均可按具体情况，逐步实施。这种草案也决不可能是极完善的，所以每年得根据实施的经验，逐步修正。这样做去，课程改革有了准则，也有了办法。

在课改过程中，旧制度的弱点也充分暴露了。比如有很多学系的任务不太明确，又比如有很多学系的划分不很合理。问题是提出来了，但是我们是不是可以立刻彻底的重新划分呢？要这样做就必须有一个更合理的方案。如果没有更好的、而且一定有把握的新方案，就把旧的打乱，就会犯毛主席所指出的偏向。但是我们就这样拖下去，不加改革么？那就也犯了偏向。对于这一类的情况，我们只有谨慎地摸索前进："有则改之，无则加勉"，就是：有条件的就试试，没有条件的创设条件。这工作也就只有留给每个大学去努力了。一旦重点击破，就可以带动全局。若干学校取得了经验，就可以贡献给其他学校。革命是一个创造的过程，只要能发挥群众的积极性，一切困难都是能够克服的。

这次全国高等教育会议的收获是极丰富的。马克思说："教育者本身必须受教育。"这次会议明确了大学的任务方针，纠正了偏向，确定了课改草案，这一切都是教育者本身所受的教育。

（一九五〇年六月十八日）

开展教育社会学的研究

　　这次人大、政协主要是围绕经济问题进行讨论的，也进行了文化教育问题的讨论。我自己的看法，文化教育是提高经济的必要基础。我10月份到江苏农村里去，亲眼看到经济方面的一片大好形势。这三年里这地区的农民的平均收入提高了将近三倍，从100多元到300多元。当然，这个数字不一定那么准确，但大体是不错的。这个地方原来就是鱼米之乡。经过了过去那一段曲折，现在农业上在全国已占前列，而且又恢复了传统的丝绸工业，有了许多小工厂，丝厂的出丝率正在赶超日本。可是，使人惊讶的是我访问的那个公社惟一的一所中学却停了。为什么停呢？教员走了，没有教员。地方的基层干部工作都很积极，一见面不像过去那样，或是跟你说一套门面话，或是跟你发一阵牢骚，而是想同你谈谈如何把经济搞上去，要你帮他们出点主意，精神面貌很好。但是我所接触到大队一级以下的年轻干部，很少受过中等教育，而且据他们说也很少有机会到外面大城市去跑过，因此他们自己已经感到很不容易接受现在的科学和技术。所以，我的感觉，农村的发展已经使农民逐步意识到文化和科技的需要了。

在当前农村的一片大好形势里，科技怎样下乡已经成了一个急迫的现实问题了。让我举个小事情说说：这个村子里的丝厂发生了能源问题，煤不够用。他们见到我就要我帮他们弄两车皮煤。我说：好啊！但两车皮煤能解决你几天的问题呢？100车皮也解决不了问题呀！你们本地有没有能源呢？接着我去他们家里访问，他们请我喝茶，一看有一个炉子整天在烧着。我问烧什么？他们告诉我是烧泥炭，每家每户门口都有一大堆泥炭。我对他们说，是不是可以把泥炭用在工厂里呢？他们说，火力不够，不能烧锅炉。我想泥炭既然能烧茶烧饭，加以浓缩，也应该能烧锅炉吧。这个问题科学是应当能够解决的。我自己不懂这一门学问，解决不了这个问题。一同去的一位同志，在四川搞过沼气，所以问他们能不能搞沼气来解决能源问题。他们说，沼气我们试过，不行；因为技术不过关，常常漏气。这是因为没人教他们，靠他们自己做，又做不好，所以失败了。从这些小事上可见他们不是没有能源，而是缺乏知识。

我到了南京，碰见搞科技的人就问：能不能用泥炭烧锅炉？他们回答我说：这个问题西德都没有解决。言下之意我是明白的。这说明我们搞科技的人的一种思想状态。我想，西德没有解决，可能因为他们不需要，或是在经济上划不来；因为一定的科学研究需要一定的社会条件。他们不搞这个问题，并不是说技术上不能解决这个问题。再是外国人不能解决，我们是不是就不能解决呢？这里就有点殖民地思想了。后来我带了一包泥炭到北京，托人给北京一所大学的一位同志，可是到现在还是毫无下文。我揣测也许是因为这个问题不那么尖端，写篇论文也不那么值钱，也不见得能捞到学位，所以被搁置下来。这里面我们可以发现许多问题。至于沼气问题，这在技术上是已经解决了的问题。现在不仅中国在搞，到处都在推广，就连联合国也派人来学，像印度这些国家都在搞了。这是因为它适合农村的小规模的应用，可以发电，可以点灯。可是农民没有很好掌握这种技术，搞不好。这样看来，由于没有技术指导，以致已经有了的科学技术也不能推广。总之，要发展乡村里的工业，能源确是个必须解决的问题。假若我们能够解决农村的能源问题，那么江苏的农村工业就可以飞速发展。现在江苏农村缺煤，都要到淮河流域，甚至到山西去拉煤。这样成本当然高。

我们从这些小事情里可以看到，农民的文化程度不提高的话，要搞四化是很困难的。胡耀邦同志讲，四化需要知识。知识就是力量。但是，怎么得到知识，怎么积累知识，怎么传递知识呢？这样，科技教育的问题就跟上来了。

过去我们讲的教育学主要是讲学校教育，如何在学校里教育学生。比如我们要研究小学里讲的课程是否符合小学生生理和智力发展的特点。这是教育学的问题。教育学就是运用教育的科学知识来教育学生。但是教育学的目的是在已经存在的一定条件下，即在学校里，怎样使学生学得好。教育学研究的范围不超出一定的学校。我没有学过教育学，我这样理解不知是否正确。现在我们在学校里进行教学的方法，确实有许多违反教育的客观规律的地方。可是，当前我们听到的问题却已经远远超出学校的范围了。学校范围之外的许多社会因素正影响着我们当前的教育事业。

以我自己的家来说，儿童的教育这两年来也觉得很紧张。我是六口之家，三代人，老夫妻两口，女儿女婿两口，两个外孙，一个女一个男。外孙女去年进的中学，外孙快要小学毕业了。我家里从去年开始，晚上经常发生问题，大人要孩子看书，孩子要看电视；可是功课繁重，每天的作业做不完。小的那个明年要考中学，但整天想玩，天天挨骂。母子一闹，我就发慌。我看这样不很对头，孩子把念书看成件苦差了。我想帮孩子说几句，可明年考不上重点中学，又该怎么办？对这个问题我感到很棘手。我另一个外甥孙女，因为不能进大学，到现在不敢见我，这真奇怪。为什么不能见我呢？可见她这种心理状态已经有点失常。

在这种空气下，学校也不好办。家长们千方百计要把孩子送进大学，可中学毕业生中能进大学的只有百分之几。有在中小学里念书的孩子的人家几乎都处在紧张状态之中，跳不出来。大家都承认这种现象是不合理的，对国家和个人都不好，但情况越来越严重。这个问题必须解决，而且不能拖得太久。所以我认为，确实需要大家来出出主意，想想办法。我们相信在我们社会主义社会里面，在党的领导之下，这种矛盾是能够妥善解决的。

解决这些问题的办法在哪里呢？我想，首先要发动大家研究这些问题，大家出主意，由党集中起来，领导大家下决心去改变当前这种不合理的情况。我们是一辈子搞教育的人，对于这些问题，总要出点主意。我们民盟这几天开会，有人建议组织成员展开讨论中小学问题，向党献计献策。我们更希望学社会学的人和学教育学的人联合起来进行一些实地调查，摸清情况，分析问题和提出解决办法。

当前我国的中小学问题确是个紧急的问题。要发展经济，必须有它的文化教育基础。大家知道，日本、西德、新加坡，第二次世界大战后经济发展得比较快。它们有个共同之点，就是为了恢复经济，它们在战后都是立刻紧抓教育事业，特别是中小学。我前年去访问日本，日本朋友告诉我，大战后期日本东京被炸得很厉害，竟成一片废墟。日本政府财政困难，各行各业都减薪，可对教员，特别是对中小学教员不降工资，教育经费不但不减少，而且增加。他们说，要复兴，就得从教育着手。我看这很对。现在看来，他们做对了，没有文化较高的工人队伍，他们怎能利用现代技术来大发展呢？

新加坡也很有意思，它是个无原料的国家。可是它处在世界海运的交通要道上，它只有利用这个地位来搞加工工业，以谋经济发展。要搞加工工业就得有结实的科技基础，而发展科技要靠教育。李光耀上台后，听说首先对小学教师进行考试，及格的把他们的工资提高到讲师一级，拿高薪。这一下就为新加坡的小学教育奠定了基础。由于有这个基础，它的科技才能步步上升。很多人把新加坡今天的经济发展，归功于李光耀的这一个教育政策。

没有一个现代化国家是没有较高的文化基础的。我前年去访问加拿大，参观了一户农家，一个人耕种1000英亩地，全部机械化。我问他，怎么知道有这些新机器的？他说，我看杂志呀。我问他，你怎么知道使用这些机器的？他说，我看说明书呀。他说，机器日新月异，我不跟上不行，我也能跟得上。他是大学毕业的，有文化基础。

我也在我们少数民族地区看到一些由于缺少文化，科技用不上的实际事例。我去年到广西龙胜，在一次和少数民族基层干部座谈中听到这么件事：政府给龙胜高山区的苗族送去了化肥，他们拿到化肥后，大量地往地里撒，结果禾苗枯死了。为什么多撒呢？因为他们原是刀耕火种，用惯草木灰，草木灰是越多越好。他们把化肥当做草木灰撒，所以出了问题。送化肥去的人，不可能一家一家地教，教也不一定能教懂，这里有个文化水平问题。一定的文化水平才能接受一定的科学知识。我还听到一件事：政府送了一台用电作动力的机器去，他们当然很高兴。可其中一个保险丝老断。他们就换了一根铁丝，结果机器坏了。他们不懂保险丝的作用，他们不识字，有说明书也没用。所以，没有一定的文化基础，科技是上不去的。这只是两个生动的具体例子。大的还有呢，我们成几亿元几亿元地吃亏、浪费，实质上还不同样是这个问题吗？要改变这种情况，就必须抓好教育。可我们现在的教育，还不是顺利地向上发展，还存在不少问题。

今天我想同社会学者和教育工作者讨论一下，是不是可以说当前我们所碰到的教育问题已经远远地超出了过去我们所讲的教育学上的问题了，就是说，我们已不能把教育问题看成是一个学校范围内的问题了。也可以说，学校范围之内已经解决不了这些问题了。这些问题牵涉很多社会因素，这些因素必须科学地加以分析，逐步地把这许多因素分析清楚之后才能进行综合治理。这就是教育社会学的分析。怎样进行分析呢？不妨首先把大家从各个角度提出的意见、看法汇集起来，"梳梳辫子"，整理出一系列要用实际观察来证实或否定的调查项目。然后挑选样本，即有代表性的个人、家庭和学校，按调查项目深入观察和访问。经过把这些调查结果作定性和定量的分析后，作出综合性的结论，以求尽可能地如实反映客观事物。

我们民主党派去年搞了几个有关教育改革的建议，向党献计献策。现在回过头来看，这些建议的水平还不高，因为只有意见，而定量定性的事实不够。现在很多人说，中学毕业教中学，小学毕业教小学。这是许多人的印象。究竟有多少中学毕业生教中学，小学毕业生在教小学，我们都说不出来。那只是提出了问题，但是没有跟上科学的调查，取得定量的数据。我们时常把一些突出的东西拿来讲给大家听，以引人注意，就像我刚才讲的苗族里怎样施化肥的事件一样。这些个别的事实只能给我们以启发，并为我们提出问题，可是不能用它去作结论。如果停留在用生动和突出的事件来说明问题这样的水平上，那是危险的。因为我们容易犯夸大的毛病，结果会导致脱离实际的偏向。所以，工作深入就必须强调定量分析。

这样的科学分析，一般讲来我们做得是不够的。社会调查不是简单的事情。大家都知道要调查，这很好，不能停留在印象上面，不能停留在一些耸人听闻的东西上面，要实事求是地做到有数量规定的调查。今年10月为了准备去英国的演讲稿，我去访问江村，因为没有时间自己动手去深入调查，所以用了一些当地现成的数据。这些数据的正确性是不太高的。同一项目，我可以得到不同的数据，而且差距很大。这也不稀奇，因为我们没有教人家怎么做，而且我们也应当承认我们的文化水平包括我自己在内，还没有提高到注重数目字的高度。我常常提到一件事作为教训：我们这一届政协委员或人大代表证件上所写的年龄与我们事实上的年龄有的相差达两年。因为工作人员填写证件的时候，大概是照抄两年前的存案。他们没有想到人的年龄是按年增加的。后来我提议还是改写出生年月比较好。但这也不一定准确，因为没有一个人知道自己是哪一天出生的，自己的出生年月都是听别人说的，有时就不很准确。又像人口，北京市没有登记的黑户口有多少？所以讲定量分析，还有很多问题必须深入下去。我们处理问题，有时可以根据登记户口，有时却需要实际户口。我是说，怎样运用数据是和我们的科学水平有关。我自己的文章里这方面的错误不少。这种马马虎虎，糊里糊涂，大概如此的态度的根源，我认为是和小农经济有密切的关系的。

对当前这样重大的教育问题，我们必须进行认真的科学调查研究。我们至少要抓几个典型、几个具体的例子，加以解剖、比较，正确地将事实反映出来。这个工作是很重的，而不做这个工作，盲目性就很大。我们都是好心好意，但不仔细，结果常常是好心得不到好效果。要解决我们当前的教育问题，还是要靠我们提高对这个问题的认识，认真进行研究。首先是大家要统一思想，弄清问题，把大家的积极性发挥出来，然后一步一步地提出意见，进行调查，综合研究，作出结论。这样才能作为献计献策，提供我们的决策机构利用。我们的党和国家是需要我们能正确反映情况的。我们不能要求领导同志事事亲自调查研究。我们做了这些工作，领导同志决策时也就有所依据。比较现代化的各国政府，都有所谓"智囊团"的组织。我们是社会主义国家，所有研究机关都应当是党的"智囊团"。我们现在的力量不大，但是有多大力量就得用出多大力量，而且力量是越用越强的。尽管我们年老，老马还得要走路，带出一批接班人来。

我们不能停留在教育学的范围里来解决教育问题，必须扩大我们的研究的范围。这样，我们需要的知识就更多，所以不得不推进到同教育有联系的社会各方面去，即把教育作为一种社会的制度，作为整个社会的一部分，把它同其他有关部分都联系起来，从教育学扩展到教育社会学。这是客观的需要。过去我们当教员时，可以不闻校外事，现在搞教育的人，不能不管这些影响教育的种种社会因素了。不然，一片好心，搞不好教育。所以，我们还得认识当前的形势，从当前形势提出的问题入手，目的是尽快实现四个现代化。

(1981年12月19日在教育学会的座谈会上的发言，
原载《教育研究》1982年第3期)